读客文化

指示待ち部下が自ら考え動き出す！

刚当上主管，
会带人
是关键

[日]大平信孝 著　张素慧 译

文匯出版社

图书在版编目（CIP）数据

刚当上主管，会带人是关键 /（日）大平信孝著；张素慧译. -- 上海：文汇出版社，2022.8
ISBN 978-7-5496-3848-2

Ⅰ. ①刚… Ⅱ. ①大… ②张… Ⅲ. ①团队管理 Ⅳ. ①C936

中国版本图书馆CIP数据核字(2022)第140028号

SHIJIMACHI BUKA GA MIZUKARA KANGAEUGOKIDASU
by Nobutaka Ohira
Copyright © 2018 Nobutaka Ohira
Original Japanese edition published by KANKI PUBLISHING INC.
All rights reserved
Chinese (in Simplified character only) translation rights arranged with
KANKI PUBLISHING INC. through Bardon-Chinese Media Agency, Taipei.

中文版权 © 2022 读客文化股份有限公司
经授权，读客文化股份有限公司拥有本书的中文（简体）版权
著作权合同登记号：09-2022-0507

刚当上主管，会带人是关键

作　　者　/	［日］大平信孝
译　　者　/	张素慧
责任编辑　/	戴　铮　　邱奕霖
特约编辑　/	贾育楠　　李晓兴
封面装帧　/	朱雪荣
出版发行　/	文汇出版社
	上海市威海路755号
	（邮政编码200041）
经　　销　/	全国新华书店
印刷装订　/	河北中科印刷科技发展有限公司
版　　次　/	2022年8月第1版
印　　次　/	2022年8月第1次印刷
开　　本　/	880mm×1230mm　1/32
字　　数　/	80千字
印　　张　/	5.75

ISBN 978-7-5496-3848-2
定　　价　/　49.00元

侵权必究
装订质量问题，请致电010-87681002（免费更换，邮寄到付）

前　言

面对员工的时候，你有这样的烦恼和不满吗？你会有这样的焦虑吗？

- 员工只会等待指示而不会自己思考和行动。
- 自己的想法没有得到很好的传达，员工没有按照指示来做事。
- 员工在会议等场合几乎不发言，积极性不高。
- 自己在网上就能搜到的东西偏要来问。
- 出现了麻烦事或者赔偿等糟糕情况，到了万不得已的情况才来报告。
- 不知道员工在想些什么。

很多员工会说"知道了,知道了",其实他们的内心是这么想的——

- 反正就算推进了工作,上司也会发火说"不要随随便便推进工作"。不如干脆等上司的指示算了。
- 上司只会发号施令,不会教自己做事的方法。
- 自己完全不被期待,不被认为是能干的。
- 如果提出问题的话,会被上司说"为什么不来问我!"
- 上司一直看起来很忙、很焦急,很难上前搭话。
- 不知道上司在期待些什么。

这本书就是来解决上司和员工之间信息不匹配的问题。书中将介绍一些方法,帮助你把员工改变成自主思考、自主行动的人才。

这本书能够让员工自主思考、自主行动,从而使您的工作变得轻松,也能够减少面对员工时的压力和焦急的情绪。

那么最开始,只会等待指示的员工和不会按照指示工作的员工，是如何产生的呢？

根本原因有两个。

把自己的工作任务当成"被迫完成的工作"，对工作持有厌烦情绪。这是**工作热情的问题**。

由于技术和经验的问题，没有能力进行自主思考、自主行动。这是**工作技能的问题**。

要培养自主思考、自主行动的员工并让他们产出成果，只要解决这两个问题就行。

本书将主要介绍两种解决方法：一是提高员工工作热情的"行为改革面谈"；二是加速员工工作技能提升的"成长5阶段"。

两个解决方法都将分成5个阶段，只要按照顺序来和员工相处，就能让只会等待指示的员工和只会听从指示而不行动的员工开始发生巨大的改变。

这样一来，作为上司的您，工作压力大幅减轻，面对员工时的压力和焦急的情绪也能够得到缓和。

请允许我在这里稍微补充一些自己的情况。

我正在做员工培养及领导力相关的咨询和进修工作，服务对象主要是企业的管理层。迄今为止，已经为1万名以上的管理人员提供了进修和个人支持。

但是，在这之前，我也只是个在企业里工作的普通职员罢了。

当时的我并不擅长培养员工。实话实说，我对和员工相处这件事感到非常头疼。

光是自己手头的工作就已经焦头烂额了，根本没有空闲时间和多余的精力去把握员工的状况、说明工作方法或者自己对工作的想法。这也导致了我只能够最低限度地发布工作指示，然后对员工说"剩下的自己去思考吧"和"有不明白的地方来问我"之类的话。

但一看到员工有想来询问或者讨论的样子，自己又会以很忙为理由，不去帮助他们。

我虽然不是"只会等待指示的员工"，却是"只会指示的上司"的典型。

然而，我却会把所有责任都推到员工身上说："最近的新员工能力和干劲都不足""为什么我必须照看这么麻烦的员工""真想快点进行人事调动啊""不能调动的话就想换工作了"……

直到有一次，我非常信任的员工突然不来公司上班，就这么离职了。

之后问了同事才知道，原因就出在我的身上。那名员工因为和作为上司的我缺乏沟通交流，一直烦恼于"上司什么都没有教我，在这个公司里无法成长"。

听了这些话，我大受打击，从这之后就开始在员工管理上下功夫。

对于员工犯的错误、坏毛病，还有完成不了的工作，我都一一指出并改善。甚至我还细细指导了工作方法，希望能促使员工的独立。但是，员工们似乎更加排斥我，我们之间的距离更远了。

对我自身而言，空闲时间变少了，与此相对的是对员工的期待值又提升了。对待那些只会等待指示的员工和无法按照指示完成工作的员工，我的不满和压力在持续堆积着。

于是，我终于意识到了。

"可能我们改变不了员工（他人），能改变的只有自身吧。"

从这之后,我决定改变自己努力的方向,不再改变员工,而是改变自己和员工之间的"相处方式"。

我不断摸索,终于意识到了这样两件事。

员工培养这件事,有一定的顺序。
员工培养这件事,谁都能够办到。

后来我就创造出了本书介绍的两个方法,**"行为改革面谈"和"成长5阶段"**。

这两个方法让我的人生发生了180度的大转变。员工能够自主思考、自主行动了,我自己的工作也因此变得轻松,压力变小,面对因为不擅长员工培养而产生的畏惧心理也消失了。

我现在正在举办研讨会和进修班,面向一些苦恼于自身领导力精进和员工培养的商务人士。

另外,有不少人感受到了研讨会和进修班带来的效果,来邀请我写书或者进行各类演讲。

在本书中,我将把我从自身体验中学习到的、创造出的方法，毫无保留地介绍给大家。

如果你和我以前一样，在实际工作中一个一个地反复试验来掌握员工培养技巧的话，将花费大量的功夫。

所以，请大家一定要将本书的内容放到日常对员工的指导当中去，不走弯路，用最短的时间让自己的工作变得轻松。

前言的部分就到此为止了，接下来我将向大家介绍最快的提高管理能力的方法。

2018年6月

大平信孝

目　录

序　章
为什么你的员工不行动　　001

不是不主动工作，而是不会主动工作　　003

改变相处方式，员工就能够自主思考和工作　　006

第 1 章
构建和员工之间的信赖关系　　009

用"职权"让员工行动的时代已经结束　　011

和员工建立信赖关系的3个要点　　015

目　录

要点1	关心员工的兴趣点，而非员工本人	020
要点2	寻找共同点	025
要点3	认可员工能完成的工作	027
总　结		031

第2章

行为改革面谈——大幅提升员工热情　　033

让员工动起来的，不是下达的指示，而是感情　　035

工作热情是必要的吗　　039

目　录

"激情"和"热情"看起来相似，但完全不一样　　042

没有人一开始就热情低下　　045

行为改革面谈结合了员工梦想与公司目标　　048

改革第1步　确认现状　　051

改革第2步　确认公司目标和员工职责　　058

改革第3步　确认个人的梦想和目标　　063

改革第4步　设定员工的个人目标　　071

改革第5步　制订10秒行动计划　　077

总　结　　085

目录

第 3 章
沟通技巧　　　　　　　　　　　　　　087

封闭型问题和开放型问题　　　　　　　089

理解同意、共情和认可的区别　　　　　092

区别使用4种"认可"　　　　　　　　　097

比起行动,更要重视反馈　　　　　　　101

停止"先否定"的习惯　　　　　　　　103

中立的Yes,减小面对员工时的压力　　108

目的导向法,让会议上的"等待指示"消失　　111

目　录

目的导向法，在不降低员工热情的情况下进行指正　　115

总　结　　118

第 4 章
成长5阶段——加速提升员工技能　　121

和管理员工的一般性常识说再见　　123

培养员工要有一定的顺序　　127

成长阶段1　把做得到的事做到最好　　132

v

目 录

成长阶段2	努力做到完成不了的"基础操作"	139
成长阶段3	把不会的技能训练到会	145
成长阶段4	让员工能够进行"操作教学"	152
成长阶段5	让员工能够进行"技能教学"	155
总　　结		159

结束语　　**161**

序　章

为什么你的员工不行动

不是不主动工作，而是不会主动工作

前言中讲到为什么会出现只会等待指示的员工和无法按照指示工作的员工。根本原因有两个，只要解决这两个问题就能培养出自主思考、自主行动的员工并让他们产出工作成果。

- 把自己的工作任务当成"被迫完成的工作"，对工作持有厌烦情绪。

    这是工作热情的问题
- 由于技术和经验的问题，没有能力自主思考、自主行动。

    这是工作技能的问题

可能有人会说，"被工作追着跑，自己的精神状态都到极限了，这种状态下根本不可能去提高员工的工作热情啊""根本没有时间去提升员工的工作技能"。

应该有不少人会这么想吧。

我先简单说明一下，为什么员工会陷入"工作热情不足"和"工作技能不足"的状态。

虽然被叫作"上司"，但在日本的企业中，大部分"上司"都是员工兼职管理者（Playing Manager）。现实就是，上司不得不一边完成自己的工作，一边培养员工。产业能率大学在2017年进行的《第4次上市企业课长相关的实况调查》显示，99.2%的管理层都是员工兼职管理者。

由于工作繁忙，上司的空闲时间变少，职场的气氛就会变得紧张，上司和员工之间的沟通量也会骤减。

- 除了早上的寒暄之外没有其他的交流。
- 联络的事项都通过邮件或者社交软件完成。
- 即使员工有想要谈话的意愿，也会因为上司太忙而无法进行。

因此，就会出现诸如上述的糟糕状态。上司和员工之间出现了隔阂，甚至连最简单的业务联系都变得很难。

另外，由于上司经常处于焦急的状态，员工如果随便推进工作而出错，上司会不开心、会斥责员工。这样一来，员工热情萎靡，就更不想再自主思考……

也就是说，员工的工作热情下降了。

此外，由于和员工之间的沟通量变少，上司无法把握什么样的工作员工能胜任，也无法把握什么样的工作员工不能胜任，也因此无法给出合适的指导，员工的工作技能就无法得到提升。

如果上司给员工布置了超出工作能力之外的工作，那员工无法按照指示进行工作也是理所当然的了。

所以这些没有按照指示进行工作的员工，不是不工作，而是没有能力工作。上司不但没有注意到这一点，还焦急地对员工大发脾气："为什么这家伙老是做不好工作！"这样一来，更会打击员工的工作热情……就这样，上司和员工都陷入了负能量的旋涡。

只会等待指示的员工和不能按照指示工作的员工，就是这么产生的。

改变相处方式，员工就能够自主思考和工作

我在前言里就提过了，之所以会产生只会等待指示的员工和不能按照指示工作的员工，并不是因为你作为领导的管理能力不足。

原因在于和员工的相处方式。只要改变这一点，员工就能变得自主思考、自主行动了。

但改变相处方式，并不意味着要在百忙之中抽出时间和员工交谈，或者必须掌握一些高难度的管理方法。

这并不是多么困难的一件事。只要稍微做出一些改变，比如和员工进行日常会话或者定期面谈等就可以了。

经常有这样的情况出现：明明是同样的工作指示，但上司指示方式的些微不同都会影响员工的工作。

当然也可能有人有这样的想法——

都工作这么久了，总能觉察到"如果上司的对待方式发生改变，员工也会发生改变"这件事吧。

我们都知道随着上司的对待方式的转变，员工的工作情况也会改变。但是大家普遍认为，只有那些人们都尊敬的领导、有人格魅力的人或者有特殊才能的人才能做到。对没有突出能力、没有长处、没有人格魅力的自己来说，这是很难办到的……

确实，有些人的管理能力与生俱来，生来好像就擅长培养员工。但是，就像谁都能学会骑自行车一样，只要按顺序练习、掌握要点，谁都能够培养员工。

为了完成"谁都能培养员工"这件事，我系统地整理了一些要点，也就是接下来我要介绍的"行为改革面谈"和"成长5阶段"这两个方法。"行为改革面谈"主要为了提高员工的工作热情，而"成长5阶段"则为了提升员工的工作技能。

我反复实验了许多次,总结出员工不能主动行动的根本原因只有两个:工作热情不足和工作技能不足,仅此而已。

先通过"行为改革面谈",解决员工工作热情不足的问题。再通过"成长5阶段"来帮助员工提升工作技能。

按照这样的顺序进行培养,员工就会发生惊人的转变。

第1章

构建和员工之间的信赖关系

用"职权"让员工行动的时代已经结束

以前,上司的指令和命令是绝对的。所有的企业组织构造都是金字塔型,从上到下进行决策。当然,现在组织架构的形态也没有发生多大的改变,但可以确定的是从下至上进行决策的组织形态正在增加。

正因为这种变化,所谓的"职权"的效果渐渐消失。想要通过"职位"和"地位"命令他人也变得困难。

如果在以前,即使大多数的员工厌烦某些工作,但抱着"因为是工作,因为是上司的指示,因为是命令"的想法还是会遵从指示工作。

那现在是什么样的情况呢?

"这个是我的分内工作吗?"

"为什么我必须做到这个份儿上?"

"抱歉，我现在很忙，做不到。"

"我不想做。"

在最近的职场上，如上的场面并不少见：上司发出指令而员工平静地拒绝。

这种情况的起因不在员工，而在上司。是因为上司想利用"自己的立场"来驱使员工工作。

现在已经不是"职权"时代了，领导不能用这种立场来驱使人工作。现在是"人格魅力"时代，领导要通过影响力（信赖关系或者实力）来让员工动起来。

我们要明白一件事：对于那些不把员工当作人来尊重，而把员工当作物品来对待的上司，为了自己的晋升而任意驱使员工的上司，几乎没有员工会愿意遵从他们的工作指示。

那要怎么做才行呢？

在这样的环境下，上司想要员工好好工作的话，首先就要在自己和员工之间构建起信赖关系。

如果你信赖你的员工，就没有必要监督员工工作上的一举一动。为什么这么说呢？因为就算不监督员工，他们也会以公司的方针和你的指示为基础，进行有效工作。

与此相对的是，如果不信赖员工，上司在工作上花费的时间和精力就会大幅增加。因为不确定员工汇报的真实性，上司就必须一件事一件事地查明。

反过来，如果员工不信赖你的话，让他们顺从地按照你的指示去工作就会很困难。

"上司可能没有和我说明真相。"
"他可能没有告诉我必要的信息。"
"他可能打算故意让我失败来排挤掉我。"
"上司可能把自己的工作推给我了。"
"他可能打算抢走我的工作成果。"

员工可能会对你有如上这些猜疑。

这样一来，员工也会在揣摩上司的指示和意图上花费大量的时间和精力。

如何将只会等待指示的员工培养成自主思考、自主行动的人才？本书虽然会介绍方法，但如果不能和员工建立起信赖关系，那么这些方法也不过是纸上谈兵罢了。

所以，接下来，我将要介绍培养员工的基础的"基"，也就是和员工构建信赖关系的方法。

和员工建立信赖关系的3个要点

那么,怎么样才能和员工之间建立信赖关系呢?

众所周知,信赖关系是在人与人之间产生的。联结人与人,填满人与人间隙的就是"交流"。

简单来说,交流就是"信息和感情的交换"。如果没有交流的话,就很难构建起信赖关系。

事实上,某些职场上有很多"只会发号施令的上司"和"只会等待指示的员工",而这些职场都有一个共通点,那就是充满了大量的"无效对话",同样形式的对话会被不断重复。

无效对话,指的就是如下这些状况。

- 一天的对话只有下班时候的寒暄。
- 上司凭借权威和职级,单方面地发号指示和命令。

- 明明是为员工着想而提出的建议,反而降低了员工的工作热情。
- 只会发号指示的上司和没有理解指示却先应下来的员工。
- 问了比较个人的问题,也只能得到"是"或"否"的回答。且对话就此终止,不再继续展开。
- 上司为了构建信赖关系而与员工闲聊,但员工认为闲聊都是废话并且觉得麻烦。
- 明明当面沟通更合适,却仍选择用邮件和聊天软件,员工和上司几乎不进行当面交流。

简单来讲,"无效对话"就是只会修饰表面的对话。虽然形式上确实是对话,但本质不过是词汇的交换罢了。

这样一来,不但无法提升员工的工作热情和技能,反而会打消员工的干劲,妨碍员工的工作。当然,也就没有可能构建起信赖关系了。

应该有人猜到了吧。为了和员工建立起信赖关系,必须把"无效对话"转变成"有效对话"。

充满大量"有效对话"的职场上,有着超越"词汇"的交流。就算是日常漫不经心的闲聊,也能加深和员工之间的信赖关系,提升员工的工作热情和工作技能。

另外,要想构建信赖关系,和员工之间持有"业务之外"的联系是非常重要的。

这是因为,如果和员工只有业务相关的联系,工作业绩好的时候信赖关系能够顺利保持,但一旦工作业绩下滑,和员工之间的信赖关系也会随之崩塌。

一旦信赖关系崩塌,会很难找到修复关系的契机。这是因为即使想要修复关系,和员工之间也只有业务这一个联系。与此相对的是,如果能够和员工保持业务之外的联系,即使工作业绩下滑也能够维持关系。

在实际情况中,有很多领导会觉得沟通交流的质和量都相当不足。

我经常在进修会上和大家提到,"信赖关系是一切的基础,是很重要的元素。要建立信赖关系,那么沟通交流是很重要的。"当然,也有很多人不同意这种说法——

- 下班后的酒会越来越少，几乎没有和员工之间的谈话机会，沟通成了很困难的事。
- 抽不出时间和员工交流，光是联络业务和确认进展就已经很费工夫了。
- 除了早上寒暄和会议，都是通过聊天软件和邮件完成沟通的，几乎没有面对面谈话的机会。
- 和员工的年龄、价值观还有性格都对不上，根本不知道他们在说什么、想什么。

但最理想的情况应该是，不用喝酒也能够和员工进行交流，工作很忙也能找出时间和员工面对面谈话。当然，即使是性格不合的员工，也要和他好好地进行沟通。

我想有很多人会有这种想法，"自己本身就很忙，又不知道员工在想些什么，很难改善沟通情况。"

其实为了和员工构建信赖关系而进行的沟通，并没有那么困难。

只要按照下面这3个要点来做，任何人都能够轻松地和员工构建起信赖关系。

要点1　关心员工的兴趣点，而非员工本人

要点2　寻找共同点

要点3　认可员工能完成的工作

那么，让我们一条一条来看吧。

要点1　关心员工的兴趣点，而非员工本人

著名管理学家德鲁克说："比起说，沟通的基础更在于如何倾听。"

"让沟通成立的往往是倾听者。输出内容的人并不是沟通者，他只是在说罢了。如果没有倾听者的话，沟通是无法成立的。"

听对方讲话时，关注点是很重要的。

我们经常听说沟通时要"看着对方的眼睛说话，看着对方的眼睛倾听"。然而，如果对说话者本身过于关心，像窥探对方一样进行倾听的话，说话者会有什么样的感觉呢？对说话者来说，可能会很难把话题再进行下去。

而且，关心员工本人也是件很难的事。特别当遇到不是

很投缘的员工，即使想对他产生兴趣，也往往不愿行动。

而对于员工而言，面对硬要对自己产生兴趣的上司，也几乎不会抱有好感。反而会产生怀疑，对上司心生畏惧。

谁都不愿意被别人盯着观察，被当成实验的对象，或者动物园里玩耍的熊猫。如果沟通本身成了上司随意使唤员工的手段，或者说战术，那别说是加深信赖关系了，就是上司和员工原本的关系也很可能会崩坏。

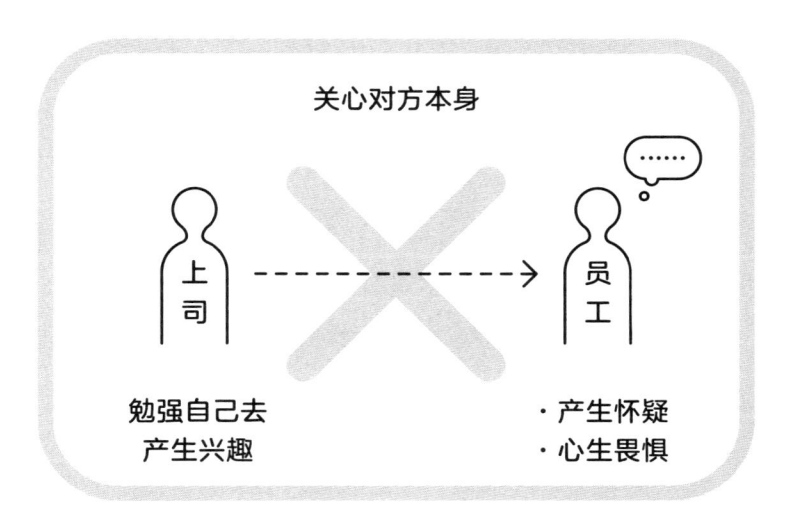

关心对方本身

上司 ╌╌╌✗╌╌→ 员工 ……

勉强自己去
产生兴趣

・产生怀疑
・心生畏惧

关心对方的兴趣

上司：有意识地关心对方的兴趣

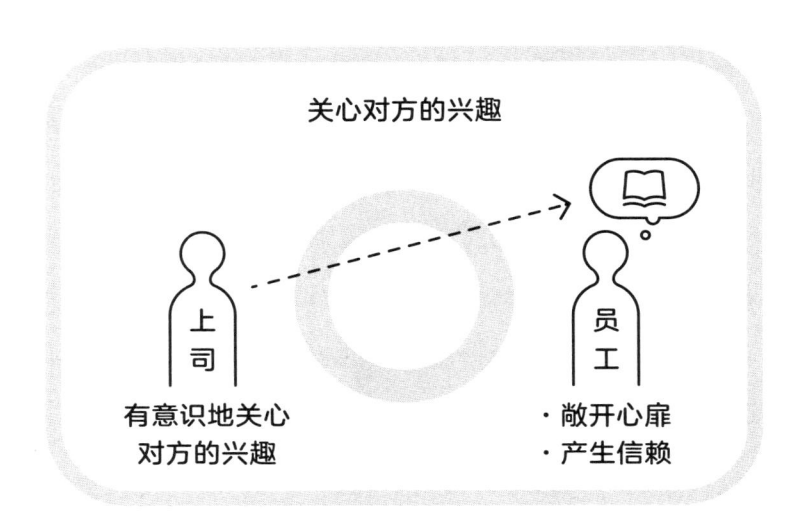

员工：
· 敞开心扉
· 产生信赖

那么，怎么办才好呢？

其实，如果对员工不感兴趣的话，可以不用勉强自己做出一副关心的模样。不要过于关注对方本身，取而代之的是，有意识地关心对方所说的世界观、对方的兴趣。

像上文举例的熊猫。我们观察的时候不应盯着熊猫自身，而要关注熊猫爱吃的竹子和喜欢的玩具。

上司找到员工的兴趣所在之后，就要认真完整地听员工的讲述。这样一来，员工会觉察到"对方确实在听我说话"，继而安心地敞开心扉，开始相信认真倾听他说话的人。

上司如果变得热衷于关心员工的兴趣爱好，那自然而然地就能在闲聊时聊得起劲，和员工产生业务之外的联系。

教育孩子也是如此。比起勉强孩子喜欢自己的兴趣，或者只盯着孩子自身看，一起去热爱孩子喜欢的东西能让交流更有效。

在之前举办过的进修会中，我也介绍了"有意识地关注"这个方法。有学员听了之后，马上在工作中实践，并且产生了相同的感想。

> 不去凝视员工，而去关心他的世界观、他的兴趣。了解到这一点的重要性之后，我就试着实践了一下。然后我发现，原本认为很难对付的员工，其实正在用自己的方式努力着。我也能够用寻常的方式去应对他了。

尤其在和"很难对付"的人沟通时，关心对方的兴趣更能发挥它的威力。

去接触"对某事感兴趣的小A",而不是难对付的小A。这样一来能够更轻松地接受对方,也能够让压力得到缓和。

要点2　寻找共同点

如果上司能够做到关心员工的兴趣，那么下一步就是要寻找自己和员工的共同点。

例如，喜欢的运动、家乡、母校、食物、酒、爱好等，任何方面都可以。

只要能找到双方的共同点，不论这个话题多小，都可以愉快地闲聊，信赖关系也就自然而然地加深了。

如果能找到喜好上的共同点，那么上司和员工的距离就会拉近不少。人总会觉得和自己有相似点的人更亲切，并且感到安心和信任。

有的人就算是第一次见面，但因为"来自同一个地方""有共同认识的人"或者"有同样的爱好"，会一下子变得亲近。这种经历大家应该都有过吧？

所以说，找到共同点是和员工建立信赖关系的最有效的手段之一。

我自己也有这样的经历。

在我还是公司职员的时候，觉得一名刚入职的员工很有距离感。但当我发现我们都很喜欢迪士尼乐园之后，两人之间的距离飞速地缩小。也因为一起聊了很多关于迪士尼乐园的话题，之后推进工作变得更加轻松了。

还有另一个事例，不是员工之间发生的，而是要进行提案的客户。在闲聊中，发现我们都毕业于同一所学校。

因此，我和客户之间的距离一下就拉近了，也获得了完成工作的机会。

人们的个人信息、爱好、经历，都是各种各样的。只要我们去找，一定能找到和别人的共同点。请去寻找和员工之间的共同点吧，不论这个共同点多么小，都足以加深你们之间的关系。

要点3　认可员工能完成的工作

员工会有很多做得不足的地方，也会有很多完成不了的工作。如果只会否定他们工作中的这部分，那么上司和员工之间的信赖关系就无法加深。

为了构建和员工之间的信赖关系，上司有必要向员工表示"认可"。认可，其实就是指出员工能够完成的工作。

可能有人会说"我很不擅长夸奖别人啊……"实际上，许可 ≠ 夸奖。

你可以不夸奖员工，只要点出员工在工作上完成的部分，指出工作的事实，这就是认可。

如果你认可了员工，那么员工就会意识到"上司正视我的工作，能够理解我的工作"，继而感到安心。这对信赖关系有很大的影响。

员工会自然地想要接近了解自己的人。

在面向课长的进修课程上，我也曾讲过认可的重要性。听讲的学生当时发出了这样的感慨，"被上司认可的话，员工本人也会很开心，也能够找回自信吧"。

他还分享了他的故事。

当他还是职场新人的时候，几乎不能在工作上做出成果，陷入了情绪低迷期。甚至越来越钻牛角尖，想过"这份工作我完成不了，干脆辞职算了"。

在和上司定期面谈的时候，他提到了"自己完全完成不了工作，做不出成果"。

而上司却认可了他的工作："你能够完成这类工作哦。"就这么一句话，让他摆脱了萎靡的情绪——

"自己也有能够完成的工作啊""这个人不仅看到了我完不成的工作，也看到了我能够完成的工作"。被认可后的我抱有了这样的想法，继而变得高兴，也感受到了安心。

如果没有上司这句话，我可能已经辞职了。指出完成了的工作来表示认可,确实能给予员工力量。

认可,不是一件难事。你不需要投入感情,也不需要去赞赏员工。只需要仔细地观察员工,并发现他们能够完成的工作。然后指出:"这个工作,你能够很好地完成。"请大家一定要试一试这个方法。

以上,是和员工建立信赖关系的3个要点。

如果员工不按照你的指示进行工作,不会自主思考、自主行动,你要知道这不是你下发指示的方式或者说话方式出了问题。问题出在比这更基础的地方——和员工之间关系的建立上。

如果能让员工感受到"上司可以理解我",那么员工不仅仅会按照上司的指示进行工作,还会变得自主思考、自主行动。

"上司可以理解我,可以正视我的工作"。

如果上司和员工之间的关系能让员工有这样的感受,

那么上司现有的任务就都能够得到圆满的解决了。

　　反之，如果没有和员工建立信赖关系，即使用了本书教授的方法，也影响不到员工。和没有构建信赖关系的人一起工作，实在是非常困难的。

总 结

👤 和员工建立信赖关系是管理基础中的基础

- 员工之所以会变得只听从指示,问题不在上司的管理技能,而是在上司和员工的关系上。
- 为了构建信赖关系,要把"无效对话"转变成"有效对话"。
- 为了能和员工保持长久稳定的关系,要寻找和员工在业务之外的关联。

👤 和员工建立信赖关系的3个要点

要点1　关心员工的兴趣点,而非员工本人

不要想着去对员工产生兴趣,而要去关注员工的世界观和爱好,这样员工才会对上司敞开心扉。

要点2 寻找共同点

去寻找自己和员工的共同点，如喜欢的运动、家乡、母校、食物、酒、爱好等，这样上司和员工之间的距离会一下子缩小。

要点3 认可员工能完成的工作

指出员工能够完成的工作，可以让员工感到安心。

第2章

行为改革面谈——大幅提升员工热情

让员工动起来的，不是下达的指示，而是感情

我们每个人都想高效、愉悦、顺畅地推进工作。但在这条路上，往往会出现很多障碍。

- 工作量太大，时间根本不够用。
- 上司的指令太多，不知道该从哪条开始做。
- 上司给出的信息量太少，或者下达的指示过于模糊，很难开始工作。
- 连很小的事都要经过上司批准才能进行，导致工作很难进行。
- 总是被强加工作，没了工作干劲。
- 知识、经验、技能上有不足。
- 私事繁多，工作时无法集中精神。

- 身体状况不佳，无法照常工作。
- 职场上的人际关系过于薄弱，工作上得不到支持。

忙于大量的业务、面对不停出现的困难工作、卷入人际关系的纷争中……员工会被各种麻烦不停地追赶着。时间、精神、体力、头脑的耗费会到达极限。简单来说，就是陷入疲惫的状态。

这样一来，就算员工想过"自主思考之后再进行工作会比较好""应该要把握工作的全部流程"，也无法做到自主思考之后再行动。

即使员工想要去思考，也有很多情况会导致注意力无法集中。头脑转不动、内心感到焦躁、容易陷入疲劳、一旦被打扰中断工作就很难再继续……

上述的情况不断累积，员工就会产生这样的想法——只处理最低限度的、上司指示的工作。虽然这不是他本人所期望的，最终也只能不情愿地将工作草草了事。

也就是说，之所以会出现只按指示做事的员工，其最根本原因之一就是，员工对工作的热情下降了。

一旦工作热情下降，就会陷入恶性循环。

潦草地完成工作不会让人快乐，也不会让人感到充实，反而会令人陷入更深的疲惫之中。进而导致员工更加没有空闲时间，讨厌的工作继续带来讨厌的工作。

其实在导致这种结果之前，这些员工本应该和上司或者同事一起商量对策，寻求他人的帮助。这才是最有效的解决方法。但是，他们却做不到。

为什么做不到呢？因为去处理这些令人讨厌的工作的员工，大多数都是非常认真、有责任感的人。他们会一个人承担所有的顾虑，比如"这是自己的责任所在""这种事情和上司讨论的话，他可能会发火""不想去麻烦忙碌的上司"……

另外，上司几乎都会摆出这样的姿态等着员工提交成果——"都已经下达指示了，工作理所当然地会顺利进行""员工如果有不懂的地方，肯定会来问我或者找我商量的""不用我一步一步地教员工怎么做，他们也一定能好好工作"。

于是上司把目标量化，甚至进一步细分来给出指示。面对这样的工作指示，员工为了达成指标就已经费尽心思了，根本没有多余的时间自己去思考。上司和员工之间的代沟也就永远无法被填补，员工的工作热情也不可能提升。

以我的经验来看，没有多少员工只听从指示就能好好地完成工作。

如果只需听从指示就能完成的，那一定是简单的工作，上司和员工都不用太辛苦。这种工作本身就很少。

所以，上司有必要去调整和员工之间的关系，把员工从只会等待指示的状态中拯救出来。

工作热情是必要的吗

读到这里，可能有读者会产生疑问，"工作热情或者说工作动机本身真的那么必要吗？"

有些书会介绍一些"不被热情影响就能产出工作成果的方法"。

并且在近些年，相当多的工作变得简单化、标准化，谁来做都能产出同样的成果。

例如，销售的工作。现在的销售工作极为系统化，对客户的咨询事项都制成了列表。

这么看来，工作热情似乎没有必要了。但实际上不是这样。即使是同样的行动，工作热情高的人和工作热情低的人相比较，在工作上的投入程度是不同的。

工作热情低的人只会完成最低限度的工作。就是这个差别会影响工作的质量和最终的成果。

一般来说,工作热情低的人不会关注"如何能更好地完成工作",而是会关注"如何才能尽可能地避免麻烦并完成工作指标"。为了完成最低限度的工作指标,他们更看重量而不是质。

和他们相反,工作热情高的人会关注"如何能更好地完成工作",并且同时推进工作。

例如,工作热情低的销售人员,不会花心思对顾客进行询问,而是机械地按照咨询事项列表进行提问。反复之后,工作就不会以达成交易为目的,而变成了以完成咨询清单为目的。一旦问完了固定的问题,销售人员就会觉得已经完成了最低的工作指标,可以结束工作了。

与此相对,一些工作热情高的销售人员,会在列表的问题之外思考新的提问,或者根据临时状况对顾客进行提问,最后发现顾客的潜在需求。

这就是工作热情高的销售人员和工作热情低的销售人员。他们做了相似的行动,那谁更容易获得成果呢?

答案当然是工作热情高的销售人员更容易获得成果。

这个情况并不只局限于销售这个职业。

如果一个工作热情低下的人力专员来进行招聘工作，结果会如何？

为了避免犯错，他们在招聘的时候会更倾向于选择一个没有非议的人，而不是一个对公司来说必要的人。

另外，在面试的时候，人力专员即使获得了只有在场人才能知道的重要信息，也可能直接忽视掉。即使自己有一些思考，也不愿意进行额外的提议和发言。

与此相对，工作热情高的人力专员，会在招聘面试的执行方式等方面提出一些新的想法，积极地改善工作。当然不是所有新的想法都能够顺利实施的，但一旦新想法奏效，对公司来说是很有益的。

如此一来，工作热情高的人和工作热情低的人相比较，行动的内容也会有所不同。当然，工作成果也不相同。

可见，对工作来说，热情还是很必要的。

"激情"和"热情"看起来相似,但完全不一样

在了解提升员工的工作热情的方法之前,先来了解一下到底什么是热情。

"激情"和"热情"这两个词容易被混为一谈,但其实是完全不同的东西。

激情指的是"短期的干劲,爆发力"。

热情指的是"长期的干劲,持久力"。

激情高的状态也就是充满干劲的状态。

激情,也可以说是"一瞬间提升的干劲"。

在年终比较忙的时期,或者截止日期临近的时候,员工可能会想着"到时候了!"然后通过激情来产出成果。这往往将情绪提升到了极致,发挥了平时意想不到的力量。

可以说是"火灾现场爆发出的怪力"[1]了。

激情的提升，可以通过提高音量、驱动身体来实现。提升激情最简单的方法就是，一边大声喊叫"嘿！嘿！哟！"，一边向上举起右拳。

但是，激情无法长久地存续，提升后马上就会下降。

因此，为了保持住员工的高激情状态，上司就有必要介入了。但长时间情绪高涨的状态会让人疲乏，甚至有最终导致过劳、失眠等问题的例子。

针对这种情况，我想引出"热情"这个词。热情指的是，从员工的"自己想这么做"的想法中涌现出的工作动机。

热情存在两种类型。

分为外发式热情和内发式热情。

外发式热情，指的是外部的诱因产生动机。

对职场来说，外部的诱因包括提升薪水和派发补贴等金钱报酬、升职或者调职到重要部门、充实的福利制度等。

---

[1] 日本俗语，指在危急时刻，无意识地爆发出超乎想象的力量。

外发式热情虽然能在短期内产生效果，但相对来说比较有上限，无法长时间保持。毕竟不能让员工全体晋升，薪水的提升也有上限。

与此相对的内发式热情，指的是自身内部涌现的热情。

因为是自己制订的目标，就更容易获得成就感和成长感。相对来说没有上限，随着想法的变动能够无限制地赋予动机。

也就是说，上司有必要提升员工的内发式热情。

要做到提升内发式热情，一个有效的方法就是驱动员工的感情。

只要感情能够被驱动，人就能够轻易行动起来。

就像有"感动"这个词，但是没有"知动"这个词一样。

人是因为感情而行动的，不是因为道理。

没有人一开始就热情低下

读到这里,可能有读者会有这样的想法,"我确实理解了工作热情的重要性。但这是员工自身的问题,上司真的能够帮助他提升工作热情吗?""我是否能够帮助没有干劲的员工?是否能让他们振作起来呢?"

这两个问题的答案,都是肯定的。

有一个有趣的现象。就算是工作热情低下的人,也会对某些个人活动抱有极大热情。比如志愿者活动,或者给喜欢的体育项目的队伍做应援,或者做自己的爱好的时候,他们会变得干劲十足。不管是谁,只要遇到喜欢的事就会充满热情,自主行动起来。

人们都有这样的特质,真的遇到想做的事情,不管多困难都会去努力、去长久地坚持。

我有一个十岁的大儿子，他曾经对篮球非常入迷。在学校的时候他练习投篮，回家后他练习运球，到了晚上还会在视频网站上看职业选手的视频来检验自己的练习。

他这么做不是因为我下达了"快去练球"的指示，也不是为了得到老师的表扬，更不是为了获得零花钱。他就是对篮球入迷了。

他想要成为专业的篮球运动员，想要打球打得更好，所以一直坚持。

大家小的时候，应该也对某些事物着迷过吧？

抓虫子、棒球、足球、跳绳、捉迷藏、收集橡皮擦、折纸……大家应该都有对某些事物着迷的经历。

同理，员工之所以不愿意主动思考和行动，就是因为没有在现在的工作中发现"欲望"。我所说的"欲望"，可能会表现为脑科学中一种欢呼雀跃，非常期待去做某件事的状态。单单通过言语去下指令，不管指令的目标有多么明确，都很难和员工的行动产生联系。也就是所谓的"员工明明知道了却办不到"的状态。

在大脑中，有被叫作"边缘系统"的旧皮层，和被叫作"新皮质"的部分。

边缘系统以维持生命为目的活动，担任本能行为、感情和行动相关的工作。而新皮质有着高度的学习能力，能够根据不同状况进行适当的行为，担任语言相关的工作。

想要促使员工行动起来，就需要激发担任感情和行动相关工作的边缘系统。

接下来，我将介绍"行为改革面谈"的有效使用方法。它将激发员工大脑的边缘系统，让其能够自主思考、自主行动，是个既简单又有效的实践方法。

行为改革面谈结合了员工梦想与公司目标

简单来说,"行为改革面谈"是实现"上司为员工制订目标"的计划,其目的是提升员工的工作热情。

这里的"目标"不是指公司给予的量化目标,而是指调动员工情感的目标。也就是能让员工自己体会到"从心底里想实现"的目标。

让员工自发、率先地工作,去完成某些目标是很难的。比如,公司强迫完成的目标、不知道有什么意义的目标、需要通过模式化及单调的工作才能完成的目标等。

即使员工对自己说"我是公司的员工,必须完成工作""拿了工资了,必须完成工作",他的工作热情也没法提升。更别说上司训话了,那更不可能提升员工的工作热情。

不过,如果工作的目标和自身的梦想、目标相关联的话，员工就会自主思考、自主行动了。

"行为改革面谈"就是来帮助员工实现上述状态的。

改革第1步　确认现状

分解工作，确认员工能够完成的和不能完成的工作内容。

改革第2步　确认公司目标和员工职责

让员工知道公司对其期望和其自身的工作职责。

改革第3步　确认个人的梦想和目标

再次确认员工自己真正想做的事情。

改革第4步　设定员工的个人目标

制订具体的做法。

改革第5步　制订10秒行动计划

针对目标采取具体的行动。

以上就是"行为改革面谈"的5个步骤。

只要这样去做，和员工产生联系，就能让员工个人的目标和眼前的工作自然地结合在一起。也就能让员工的工作热情提升，主动推进工作。

接下来，让我们分别对每个步骤进行说明。

改革第1步　确认现状

确认现状具体指什么？

"行为改革面谈"的第1步就是要确认员工的现状。这指的是在工作上，把握员工能够完成哪些工作内容，存在哪些工作问题。

具体来说，要去分解工作的流程，了解员工能够完成的工作内容和不能完成的工作内容。或者确认公司下达的指标和员工的完成程度。

在山里遇险的原因之一，就是迷路。

迷路是没有确认自己现在在哪里，因而也不知道接下来该前进的方向。

在购物中心和商场里购物的时候也一样。

仅仅看楼层地图是无法去到想去的店铺的。必须确认自己现在在商场的哪个位置,也就是要确认"现状"。如果楼层地图上没有标注现在所处的位置,那就需要通过眼前的店铺来推测自己所处位置。

你看,像购物这种事都必须确认"现状"。但在职场上,却意外地有很多上司不去关注员工的工作现状。

如果不把握员工的现状,就会出现认知上的偏差,导致工作上出现诸多弊病。例如员工的工作推进会有偏差,或是没有采取适当的行动,等等。

因此,可以说确认员工现状这一步骤,是非常重要的。

确认现状的3个要点

我们可以通过以下3个要点来确认工作的现状。

要点1　"能够完成什么样的工作内容?"
　　　（能够完成的工作部分）

要点2　"不能够完成什么样的工作内容?"
　　　（工作中存在的问题）

要点3　"有没有身体上的不适或者烦恼?"
　　　（确认精神和身体的状态）

确认现状的要点在于，**一定要从积极方面开始确认**。比如，从员工能够完成的工作内容和顺利推进的工作内容开始。

如果从"不能完成的工作内容""推进不顺利的工作内容"等消极的方面去确认现状的话，会给员工带来指责、否定、批评的感受。进而员工会进入防备状态，找一些借口或者说谎来掩饰。

这样会适得其反。明明是提升员工热情的机会，反而打击了其工作积极性。

我们要知道，不管是多困难的目标，完成度都不可能是0。如果真的是0的话，那说明工作现状是：目前尚未着手开始工作。

即使完成进度只有5%，也不能责备员工，说"怎么只完成了这么一点"类似的话。上司要学会从0出发，认可员工已完成的工作，可以说"已经推进了5%啊""已经开始着手工作了呢"等话语来表达认可。

在此基础上，可以进行一些询问，如"实际工作的时候怎么样？""有没有遇到什么工作困难？"等，以此来确认员工存在的工作问题。从员工能够完成的工作内容入手，来确认员工尚存在的工作问题。这样不仅不会打击员工的工作积极性，还能指出员工的缺点，指明接下来要奋斗和前进的方向。

举个例子，确认量化目标时，我们需要了解现阶段的完成度。

"较去年提升10%营业额""较去年提升105%利润""1万的新商品销量""为体验会召集500名顾客""减少20%加班时间""每周举办1次公司内部学习会"。

针对诸如以上的量化目标，通过确认现阶段的完成进度的具体数字，就能够确认员工的工作现状。

而面对定性目标，我们可以通过把工作进度数值化来把握现状。

例如，将工作目标的达成设定为满分10分，先让员工自己对现在的工作完成度打分。

类似销售这样的工作，可以分解成"选择客户""预约客户""准备资料""展示方案""成交"等模块，将各个项目的完成度进行**数值化体现**。

数值化其实就是分等级。

像是无法用数字量化的工作目标，可以将工作完成情况分等级，以便更加容易地确认工作完成情况。例如，汇报、联络、协商等流程，整理书籍，制作提升服务质量的说明手册，为了提升顾客的满意度而学习商品知识，提升对顾客的应对能力，用心做面向顾客的提案等工作目标，都可以采取分等级的方法把握工作现状。

另外也不能忘了，要在最后确认员工心理和身体状态。可以通过问一些问题来确认，比如询问"身体情况怎么样？""工作和生活上有没有什么烦恼啊？"等问题。

还有一件事必须记住，那就是必须持续确认员工的工作现状。

员工的现状不是确认过一次就能结束的。他如果朝着工作目标努力，工作现状是不断变化的。上司需要定期地回顾并确认员工的工作现状，定期询问"现在已经完成了哪些工作啦？""现在遇到了哪些工作上的麻烦啦？"等问题。

确认员工的现状，就能提升工作热情

之前学员小D和我提过，他和员工进行单独面谈的时候，一定会在开头就确认员工的工作现状。这么做能让没有自信的员工变得平静，从而踏实地进行工作。

为什么会这样呢？这是因为**定期地了解自己的现状后，能对过去的自己和现在的自己进行比较。**

在面谈之前，那名员工一直不断地和同期员工以及同事进行比较，不停地问自己"为什么自己工作完成得这么差劲？""为什么总是不断地重复失败和错误？"，导致他闷闷不乐，不能够自主行动，只会被动地等待上司指示。

和经验、实力、长处等个性不同的人相比，确实会感到郁闷，可这也不会让工作变得更好。

解决问题的诀窍在于，让员工和一个月之前的自己，以及一年之前的自己做比较，不拿他人和自己做比较。

后来小D说了这样的话：

> 每次在和员工面谈的时候，在确认员工能完成的和不能完成的工作之后，我会问员工，"和一

个月之前的自己相比,你现在能完成的内容是什么?"问完之后,员工不仅能发现自己完成不了的部分,也注意到了自己能够完成的内容,从而发现自己的长处。

也受益于此,员工面对自己的工作任务时,也能够冷静地进行处理了。

就这样,我们通过确认员工工作的现状,能让员工获得自信,从而提升员工的工作热情。

改革第2步　确认公司目标和员工职责

明确自己的职责，把公司的目标作为自己的分内事。

"行为改革面谈"的第2步，就是让员工确认公司的目标，让员工再次认识自己的工作职责。

这里所提到的"公司的目标"，指的是"年度销售达到××亿日元""相比去年提升120%"等面向公司、各部门全体的数值目标，或者"向顾客们贡献××"等经营理念。

不论什么样的公司都存在公司的目标和经营理念。但这些目标和员工的个人目标基本是不一致的。

虽然无可奈何，但从一定程度上来说，公司的目标和员工自己想做的事之间的方向存在差异的话，会让员工感到迷惑。

自己是不是不适合这份工作？

自己是不是不适合这个公司？

公司的方针和自己的价值观是否矛盾？

如果不解决这个问题，大多数人只在公司的方针和目标的框架内考虑事物，会认为工作和私人生活要区别开。这样即使有自己个人的目标和梦想，也会脱离工作去考量。这样一来，工作热情就更难提升了。

公司的目标，是公司和上级对员工单方面的安排。如果我们只在公司给予的目标内进行思考确实比较轻松。没必要迷茫，也不会产生纠纷。但是如果从员工的立场上来看，一味地接受安排确实无法激发自己的工作热情。

员工感到公司和上司单方面地对自己施加目标，很可能就是导致员工工作热情低下的原因。

为了消除这种"压迫感"，为了能完成公司和各部门的工作目标，上司有必要明确员工的职责，也就是员工自身应该做些什么。

所以，针对员工工作热情提升的"行为改革面谈"的第2步，就是确认公司的目标和员工的职责。

确认公司目标的3个问题

这里需要我们确认的是，企业理念、公司的方针、组织的目标、组织内部对员工的期待和员工的职责。

确认员工是否知道公司目标的方法很简单。只要让员工回答接下来的3个问题就行。

❶ 请试着去说明公司的方针和目标。
❷ 请试着讲述部门的方针和目标。
❸ 请讲述你在部门内部的工作职责。

只需要回答这些问题，员工就能认识到自己的工作职责。

这是因为大多数情况下是上司来说明公司和部门的方针和目标的，很少有员工来进行说明的情况。一旦和员工提到相关话题，经常会有人回答，"实际上很想了解公司和部门的方针和目标，但尚未理解透彻"。如果员工知道上司会问相关的问题，就会在开始、在平时关注公司和部门的目标及相关信息。

那些擅长培养员工的人，通常擅长赋予事物以意义。

如前文所述，世上本没有生来就热情低下的人。只是他们从内心流露出来的自发的热情还没有被发现。

任何人都不愿意做没有意义的事情。

犯人被派去挖洞穴，而犯人面前的看守人会反复将洞穴填埋上。这是世上最痛苦的劳动之一。

犯人是被强制劳动的，所以看守的人对于犯人的进步和成果全部加以否定。

虽说工作不至于和这种痛苦的劳动混为一谈，但是员工单方面从公司和上司那里接受指示的工作，一定也不轻松。

但如果将工作赋予意义，即使是同样的劳动，员工也会变得主动。而上司的职责就是，对工作热情低下的员工的工作赋予意义。

上司不可以单方面发言

在确认公司目标的时候，一定要留意一件事。

那就是上司不能单方面地对员工进行说明和说教，而是要让员工说话。让员工自己去谈论公司目标的理由有两个。

第一，如果上司单方面地说明目标，会让员工感觉这个目标是被强制施加到自己身上的。

这样即使能做到短期内出工作成果，但员工的工作热情低下，很难产出中长期成果。

第二，人是在输出的过程中加深对事物的理解和认识的。

自己说出来的话，会从自己的耳朵里听到。通过这样的方式，想法能得到整理，并且能真正意识到自己的想法。

用专业术语来说，这叫作"自分泌（autocrine）"。让员工说出公司的方针和目标，能够让员工对公司的方针和目标以及自己的职责加深理解。

另外，万一员工对公司的方针和目标有误解的地方，上司也可以马上改正。

改革第3步　确认个人的梦想和目标

明确到底想做什么

了解到公司和部门的目标之后，员工需要设定个人年度目标。

如果上司把这个从上至下的量化目标，按员工的人数进行划分，员工还会自主行动吗？

他们肯定会有这种感受吧。

"这是公司已经决定好的目标，必须去做。"

"如果连这种最低限度的指标都完不成的话就太糟糕了。"

"一定要顺利地完成。"

这样一来，工作就成了被迫进行的任务，员工也就无法自主行动了。

对上司来说，为员工设定目标也不是一件容易的事。

如果完全让员工自己设定目标，容易出现目标难度低或者目标和公司方针相异的情况，上司还需要进行个别修正。

了解员工的现状，且了解公司的方针和目标之后再设定员工的个人目标的话，肯定会在公司的方针和目标的框架之内去设定员工的个人目标。

没有依靠上司的个人魅力，也没有驱动员工的情感，敷衍地设定了个人目标。

那到底怎么做才好呢？

让员工自主行动的关键在于，要制订一个让员工从心底就想去实现的目标。

因此在第3步，我们要先把公司和上司的需求放在一边，而去明确员工的个人想法，也就是员工个人"到底想做什么"。

关键在于这个阶段没必要考虑公司目标和员工目标的匹配度。一旦超越公司的框架来思考，就能提升员工的工作热情。引出"到底想做什么"的答案，具体的方法就是问员工以下3个问题。

❶ 你最想挑战什么样的工作？
❷ 工作之外，你个人的梦想是什么？
❸ 3年后、5年后、10年后，你的工作设想分别是什么？

这些问题的答案也就回答了第3步（"到底想做什么"）的问题。

比如，回答里有这样的工作设想："想要成为销售冠军""想要得到公司的奖项""想要提升专业技能，参与到更大的项目中去""想作为咨询顾问，提供解决方案""想去海外工作，成为当地工作的负责人""想升职为管理层，组建一个被员工信赖并且能产出成果的团队"等。

也有"想举办街头演唱会""想看极光""想成为一名小说家""想和家人一起去夏威夷旅行""想把爱好做到极致"等各种各样的梦想。

我把能够轻松回答这些问题的人称为"长期目标型"。

但是从我的经验来看，只有不到两成的人是"长期目标型"。因此，如果员工不能说出明确的个人设想和梦想、没有目标，也请不要去责怪他们。

至于无法明确地说出未来梦想和设想的员工，他们属于"短期目标型"。

对短期目标型的人来说，在"对自己来说，现在什么是最重要的"这个价值观问题上，他们的重点在于是否完成了日常的工作。

因此，要想知道短期目标型的员工"到底想做什么"，要继续问以下3个问题。

❶ 对于今天一天的工作，你到底想做什么呢？
❷ 在工作中感受到有价值是什么时候？
❸ 每天最重视的事情是什么？

他们会给出这些回答："想要看到每个客人的笑脸""想要完成原本完成不了的工作""想要通过团队合作来产出成果""想要遇见更多的人""想对别人或者社会有所帮助"。

关于个人的目标，他们提道："想要珍惜和家人在一起的平淡生活""和朋友保持联系""想要有随时能做想做的事的自由""想有一个地方可以安心地沉浸在爱好里"。

相比长期目标型的人来说，短期目标型的人的回答没那么具体，回答更为模糊暧昧。不过这不要紧。没必要硬让员工说出具体的目标。

"长期目标型"和"短期目标型"之间不存在优劣之分

大家要知道，"长期目标型"和"短期目标型"之间不存在优劣之分。两种类型的人都有其长处，并非一种类型好一种类型坏。

举个例子，专业的棒球运动员铃木一郎和松井秀喜。他们在职业棒球协会中都留下了不错的成绩，而这两个人中，铃木一郎是长期目标型，松井秀喜是短期目标型。

铃木一郎在小学的时候就确立了明确的目标，那就是成为专业的棒球运动员。他从目标开始倒推，为自己制订计划，每天为了实现目标而努力。他在小学毕业纪念册中写道：

我的梦想是成为一流的专业棒球运动员。为了实现这个目标，我在初中和高中都必须保持一定的活跃度，去参加全国比赛。要保持活跃度就必须练习。而我对练习，非常有自信。因为我在3岁的时候就开始练习了。3岁到7岁，我大约每年练习6个月左右。但从三年级的时候开始至今，一年365天之中我有360天在进行高强度的练习。

所以，一个星期里，我只有5～6个小时可以和朋友们一起玩耍。

我想，我都已经这么努力地练习了，一定要成为专业的棒球运动员才行。我打算在初中和高中保持活跃度，高中毕业后就入团成为职业选手。

这是长期目标型的人的特征。
与他相对的松井秀喜在之前的采访中说道：

"我没有目标。作为个人来说，我没有目标。
"我不会进行长期展望，很难以十年为单位去考虑事情。我认为每一年、每一场比赛甚至每一次击球都要认真对待。比如，击球之后就会出结果，针对这个结果我要思考怎么去应对，接下来该怎么做。我仅仅做到了这样的事。结果是这样的，接下来我要那样做。就是这个过程的反复。所以，我不会想十年之后怎样，下一个阶段怎样。

"关于我为什么还在坚持打球这个问题，原因非常简单。我没有想到破纪录或者荣誉什么的。是因为东京巨蛋的票太难买了。对那些好不容易买到了票想来看我比赛的小朋友来说，如果看不到我参赛的话多可怜啊。所以，我要在这样的粉丝面前打出全垒打。我就是这样想的，所以一直没有退役。"

松井秀喜集中于眼前的每一球、每一次击球机会和结果，怀着"要成为实现孩子梦想的运动员"这一短期目标，而活跃在棒球场上。

短期目标型的人的特征就是，虽然没有大目标，但每天都践行着"重视自己"的价值观，继而走向未来。

如上所述，长期目标型和短期目标型的人都有着不同的特征。

在知道员工的特征之后，上司就能制订和员工相契合的目标了。

改革第4步 设定员工的个人目标

探寻公司目标和个人梦想的交集

从第1步到第3步,我们讨论了员工的现状、与公司目标相对应的自己的职责、个人的目标和梦想。

第4步则要设定员工个人的具体目标,明确应该做的工作。

设定员工个人目标的时候,需要注意一点。

那就是,找到公司目标和员工个人梦想的交集。

公司目标　交集　个人梦想

心里想实现的目标

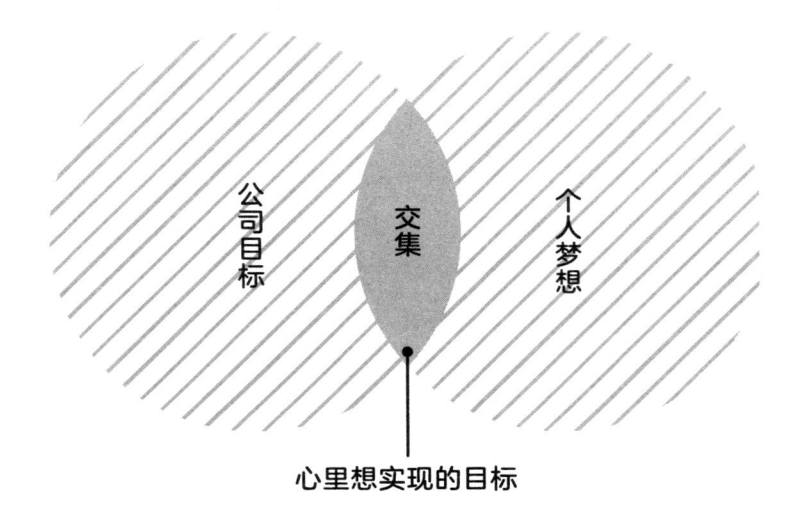

通过第2步和第3步，我们确认了公司的目标和个人的梦想，现在试着把它们放在一起来看。

请和员工一起去思考，是否有方法可以让员工在公司里实现个人的梦想和目标。

如果能够把员工个人的梦想和目标，与公司的目标结合在一起，那就是我所说的员工心里想实现的目标！如果能够确定这个目标，员工的压迫感就会消失，会变得自主思考、自主行动。和员工一起找到这个交集所在，这才是"行为改革面谈"的精髓。

在此，我想举4个例子。

例1　长期目标型，工作目标异常明确的小N

小N是机械制造公司的经理，负责培养工程师。

公司对他给予厚望，希望他能作为团队领导，在培养员工上做出贡献。但是小N很难保持住自己的工作热情。

这是因为，小N正在考虑去海外工作来磨炼自己的技术，想要作为工程师在全球各地工作。

这时小N的上司和小N一起，找到了公司目标和他个人梦想的交集。

小N意识到，如果去海外工作，业务上也会要求他在当地选拔并培养新员工。也就是说，对员工进行指导和培养的工作，对海外工作来说也是很有必要的。

于是，小N设立了自己的目标。那就是"每个月举行一次业务所需的IT系统学习会"以及"向员工传授成为社会人士所需的沟通技巧"。

现在的小N是一名经理，正在培养员工这个工作上努力着。

例2　长期目标型，个人梦想异常明确的小J

小J在食品公司的财务部门工作。

公司期待小J能够负责培养员工进行数据分析，并能产出有准确的数据目标的财务战略。

而实际上，小J的梦想是成为一名小说家。为了实现这个梦想，小J在犹豫要不要辞职，导致无法集中注意力在工作上。

这时小J的上司和小J一起，找到了写小说和财务工作之间的交集。

小J注意到，自己可以将写小说时组织故事的经验，发挥在员工培养上。

于是，小J设立了自己的目标。那就是"制作一本一读就懂的业务手册"。

把制定财务战略的顺序编成操作指南的时候，加入故事线，能够让员工更加顺畅地加以理解。

例3　短期目标型，珍惜个人生活的小K

由于需求增加，公司向美术印刷设计师小K施加了量化目标：成品制作份数增加1.2倍。然而对小K来说，这很难实现。

小K是短期目标型的人，他更重视和家人在一起的时间，不想加班，想要早点回家。因此，他只完成有必要的最低限度的工作，工作十分被动，只会等待指示。

通过"行为改革面谈"，上司了解到了公司的目标和小K的价值观相背离。在和公司交涉之后，上司将小K的出勤日减少到半周，剩下的工作可以在家完成。对公司来说，员工在家工作也有好处。比如，当交货期赶在一起的时候，员工能随机应变地应对工作情况。

小K设定了个人目标："为了能够创造更多的个人时间，要提高工作效率。"

提高工作效率，相应地就能增加和家人相处的时间。小K也变得比以前更能抓住工作要点了。

这么一来，小K的工作热情和工作效率同时得到了提升。

例4　短期目标型，明确知道工作重点的小Q

小Q是公司的一名会计，但他没法保持自己的工作热情。

小Q公司的会计部门设定了"削减5%经费"的目标，而小Q坚持的价值观是"让客人的脸上洋溢笑容"。小Q认为自己在职能部门做会计，无法让顾客充满笑容，因此无法保证工作热情。

这时，小Q的上司和小Q一起思考，会计的工作成果是否能对客人有所贡献呢？

他们得到了答案，"如果能完成经费削减5%的目标，就能够保证商品价格不上涨，客人可以以现价购入商品"。

于是小Q设立了个人的工作目标，"每月提出一个关于经费削减的改良方案"。

小Q在知道自己的工作和客人的笑容有很大关联之后，工作热情提升了。

通过以上4个案例可知，将公司的目标和员工的个人目标进行磨合，寻找两者的交集，员工的工作热情就能得到提升。

改革第5步　制订10秒行动计划

如果不制订行动计划，目标会流于形式

　　第5步就是制订具体的行动计划。

　　在第4步我们确认了员工的现状后设定了员工的个人目标，第5步就是要明确行动计划。

　　在上一部分我介绍了几个关于顺利找到公司目标和个人目标的交集的例子。

　　看了这些例子之后，可能有不少人会想，既然这么顺利就能找到交集，那第5步是不是没有必要了呢？

　　但之前介绍的例子，仅仅是在第4步顺利进行的例子罢了。**如果好不容易确定下来了个人目标，但没有具体的行动计划，目标就会流于形式。**

　　只在人事考核面试的时候才提及个人目标，那这个目标和工作热情就无关了。

可惜的是，单单设置目标，是无法改变现实的。

大多数人即使确定了"心底想实现的目标，也无法付诸行动"。

这是有理由的。

比起开始新事物或者改掉坏习惯，我们的大脑更乐于维持现状。

在我们还在犹豫要不要开始新的行动时，出于防卫的本能，我们的大脑已经做出了判断：不行动就比较安全。

比如，一直只会等待指示的员工，突然自主行动来推进工作。他需要承担相应的责任，但大脑会本能地去阻碍他，让他回归原本的工作方式。

就算员工想用意志力去掌控这个情况，最终大脑还是会获胜。这就是"三天打鱼，两天晒网"。

那这是不是意味着，如果我们想要做出改变，就必须和讨厌改变的大脑进行对抗呢？

并不需要这样。**想要战胜大脑的防卫本能，只要持续细微的改变就行。**人的大脑有一种特性：如果改变是细微的，大脑就能够接受。

这就是大脑的可塑性。

因此，关键就在于支持员工做出微小的改变。

不管这个变化多么细微，只要踏出了第一步，就能踏实地向目标靠近。而让这些成为可能的，就是第5步的制订行动计划。

10秒行动计划，让下属自觉行动

虽说要制订行动计划，但没必要事无巨细地制订行动路线。

只要把第一步的行动计划设定在10秒之内就行。

我把这叫作"10秒行动"。

10秒行动其实就是指，以实现目标为目的、在10秒内就能完成的具体的行动。

比如前面提到过的，想要珍惜和家人在一起的时间而提升工作效率的小K。他的10秒行动就是，"早上第一件事要浏览一遍今天的工作计划，确定今天的工作结束时间"。

如大家所知,在仅仅10秒之内完成的行动,是能够看到行动上限的。

为什么仅仅通过10秒行动就能大幅度提升员工的工作热情呢?

理由就是"成功体验"。

几乎所有人都能做到"浏览计划"和"确定下班时间"。也就是说,不断地完成"10秒行动"就能让员工每天都获得并累积"成功体验"。

而且只用10秒,不论员工再怎么忙碌都能完成这个任务。

有人可能会问了,"就凭借这个,员工的工作热情能上升吗?"实际上,10秒行动计划的效果非常显著。

人的大脑虽然讨厌变化,但是能够接受微小的变化。

对讨厌变化的大脑来说,能够接受10秒内的微小的行动变化。

10秒行动就像多米诺骨牌中第一块倒下的骨牌。第一块骨牌倒下了,其余的牌也会自动倒下。

员工不会在10秒内有"心底里想实现的目标"和"想

要行动起来"的感受。但不拖延地执行了10秒行动，剩下的行动就能一个接一个地付诸实践。

10秒行动，要让员工自己决定

决定10秒行动的时候，最需要注意的就是要**让员工自己做决定**。如果让上司来决定要做的事，那对员工来说就成了"被布置的工作"。

然而，也有员工不知道自己应该做什么，不知道10秒要做哪些任务。这个时候，上司要和员工一起去思考。

例如：

- 目标：为了强化团队内的沟通
- 行动：在职场上，同事帮忙的时候记得说"谢谢"。

- 目标：为了提升制订计划和提案的能力
- 行动：把注意到的事物记在便笺上、观察电车里吊环拉手上的广告。

- 目标：为了能提高工作效率，减少加班时间
- 行动：快速地清理自己的电脑硬盘，把不需要的文件扔到回收站。

- 目标：为了工作上不拖延，减少压力
- 行动：只写邮件回复的第一行。

- 目标：为了提升英语能力
- 行动：早上把英语教材放到包里。

是不是很简单？

决定了10秒行动之后，把它记录在每天都能看到的东西上，比如电脑备忘录或者笔记本上。

也有人虽然做了最开始的10秒行动，但是没有继续后续的行动。比如，把英语教材放到了包里，但结果一整天都没有拿出来学习。这样也没关系。

我们开始进行10秒行动的时候，就已经在向目标前进了。

只要坚持下去，就能慢慢地和之后的行动相关联。

如果进行了很多次10秒行动还没有向后续行动推进的话，那就要尝试一下新的方法了。

在晨会上宣布10秒行动会更奏效

如果公司有进行晨会的惯例，那每天在晨会上宣布自己制订的10秒行动，并在晨会后直接执行会更有效果。

这是因为在脑科学上有一个让人拿出干劲的诀窍，那就是让身体动起来。

大脑中有一个部分叫作"伏隔核"，可以说是"干劲的开关"。如果没有外界刺激，伏隔核就不会活动。而这个刺激就是让身体动起来。

从10秒行动入手，伏隔核接收到刺激，使人能顺利地推进工作。

不管在什么状况下，员工都能容易地进行10秒内的行动。

就算再怎么被工作追着跑，截止日期再怎么临近，员工都会为了完成"从心底里想实现"的目标而迈出最开始的这一步。再加上这一步非常简单,是一定会成功的一步。

仅仅花费10秒的行动计划。无论是谁都能够坚持下去吧!

总　结

提升员工工作热情的"行为改革面谈"是什么?

- "行为改革面谈"是实现"上司为员工制订目标"的计划,其目的是提升员工的工作热情。
- 这里的"目标"不是指公司给予的量化目标,而是员工自身"从心底里想实现"的目标。

行为改革面谈结合了员工梦想与公司目标

改革第1步　确认现状

分解工作,确认员工能够完成的和不能完成的工作内容。

改革第2步　确认公司目标和员工职责

让员工知道公司对其期望和其自身的工作职责。

改革第3步　确认个人的梦想和目标

再次确认员工自己真正想做的事情。

改革第4步　设定员工的个人目标

制订具体的做法。

改革第5步　制订10秒行动计划

针对目标采取具体的行动。

第3章

沟通技巧

封闭型问题和开放型问题

在第1章中，我介绍了沟通的诀窍在于和员工建立信赖关系。在第2章中，我介绍了提升员工热情的方法——"行为改革面谈"。

它们的共通点就是"谈话"。

上司如果能够顺利地和员工进行谈话，双方的信赖关系就能加深，员工的工作热情也能提升。

所以，在第3章，我将向大家介绍会话相关的技巧，以便有效地运用日常的沟通和"行为改革面谈"。

在第1章中我提到过，如果一个公司存在很多只会发号指示的上司和只会等待指示的员工，那这个职场上一定存在相当多的"无效对话"。

原因之一就是，大部分谈话由封闭型问题构成。

封闭型问题是指答案被限定的问题。比如，员工只能在"是或否""A或B"中二选一进行回答。

举例来说：

"明早之前能把资料准备好吗？"

"会议室预约了吗？"

"报告书打算就这样提交，还是要继续修改呢？"

这些问题就是封闭型问题。

由于封闭型问题只需要二选一进行即时快速的回答，对时间不多的上司来说，能够便利地确认员工的工作推进情况。

但弊端在于二选一的回答会让谈话迅速结束，很难进一步展开，而且会让员工有被质问的感受。

特别要提到的是，忙于工作的上司往往只对员工发出封闭型问题。持续这样的谈话将难以和员工建立信赖关系，也无法提升员工的工作热情。

那怎么做才好呢？

答案就是在日常的会话中加入开放型问题。

开放型问题是指答案没有被限定的问题，被提问者可以自由地回答问题。具体来说，就是要使用5W1H的疑问词。5W指"何时（When）""何地（Where）""何事（What）""何人（Who）""为何（Why）"，1H是指"怎么做（How）"。

例如：

"关于那个提案书，你有什么想法吗？"

"怎样做才能提高效率呢？"

"实施一下昨天的方案怎么样？"

这些问题就是开放型问题。

开放型问题的优势在于能让被提问者自由地进行回答，从而促进员工的思考。员工通过自主思考能够产生新的发现，加深对问题的理解。

对至今为止没有用过开放型问题的上司来说，我建议在日常会话的最后加上这句话："你是怎么想的？我想听一听你的看法。"

这个方法谁都能容易地掌握，请一定要试一试。

不过，如果全部的问题都采用开放型问题的形式，会给员工造成负担，所以请适当地区别使用封闭型问题和开放型问题。

理解同意、共情和认可的区别

你能够区分"同意""共情""认可"这三个词吗?

有相当多的上司不认可员工的意见,而对员工进行全盘否定。这样会无法获得员工的信赖,也会让他们的工作热情下降。

我们先来确认"同意""共情""认可"这三个词的不同之处。

● **同意**

赞成对方的意见、想法和提议等结论。

● **共情**

理解对方的感情。

● 认可

将观察到的事实不加任何评价地进行传达。无须夸奖，只需指出"能完成的工作内容"。这里的夸奖是指评价对方做得好的地方和成果。

在进行企业进修和咨询的时候，我经常说**"就算不同意员工的结论，也要做到共情和认可"**。

比如，在员工埋怨客户的时候。

"××公司的做法真的很讨厌。讨厌到我都想换个公司合作了！"

虽然合作公司的做法不讨喜，但我们也很难在短时间内更换合作对象。

这种时候你要怎么应对呢？

"我理解你的心情。但是××公司和我们公司合作了很长时间，不好更换合作对象。请忍耐一下吧……"

如果这么说，会让员工觉得上司一点都不理解自己，上司没有听到员工的话，不管怎么说都是白费的，还是只能按照指示工作。

其实，员工并不是一定要让上司赞同自己的话。就算上司只显露出和员工的共情，员工的情绪也会轻松很多。

"原来是这样啊。××公司的做法竟然这么令人讨厌，都到了让你想换客户的程度了。"

要点在于对方想要得到"原来是这样啊"这样的回答。

更形象地说，这就像投接球练习。不管对方扔过来的球是什么样的，先接住再说。

展示了共情之后，上司要询问员工"什么地方让你有这样的感受呢？"，倾听员工产生这种想法的经过。在这基础之上，再一起去思考今后的对策。

展示共情的时候要注意，上司不能表现出自己想获得员工的"赞同""赞成""同意""承认""理解"等。不然谈话的主角就会从员工变成上司。

没有意识到主角是谁，不明确聚光灯打在谁身上的话，谈话这段时间会变成"面向上司"的时间。

另外，共情虽然是情感上的内容，但不实施具体的行动就无法传达给对方。

因此，我要介绍一下具体的行动方式。

只要采取以下4个方式，你就能把共情的内容传递给员工。

● **随声附和、点头**
例："嗯嗯。""原来如此。""这样啊。""原来是这样啊。"

● **表示理解**
例："小×，原来你有这样的想法啊。"

● **重复对方的话**
例：如果对方说"是××的"，就回复"原来是××的啊"之类的话。

● **用语言去回应对方的情绪**

例:"感觉你相当××啊。"

"那真是太糟糕(好)了。"

在工作上,并没有多少场合要赞成员工的想法、意见或者牢骚,但是有很多时候上司要表示共情。

我们先试着开始区分同意和共情吧。如果共情比较困难,做到不否定也可以。

区别使用4种"认可"

前文我们提到了,向员工传达共情之后,还要加上认可。

我在第1章就提到过认可的重要性。这对和员工建立信赖关系以及提升员工的工作热情来说,都非常重要。

在此,我要再深入挖掘一下"认可"。

实际上,认可还分为4种类型,分别是"结果认可""行动认可""存在认可""来自第三方的认可"。

如果能在不同场合区别使用这4种认可,就算你不赞成员工的意见,也能在不造成对立和感情隔阂的情况下顺利推进工作。

❶ **结果认可**

例:"这个阶段比上个阶段提升了16%。"

"恭喜你商业谈判成功。"

结果认可,指的是认可工作的结果和成果。由于结果认可能够轻易地找到需要认可的对象,是最容易完成的一种认可。只要员工做出了成果,不管这个成果多么微小,上司都要积极地给予认可。

❷ **行动认可**

例:"谢谢你一直帮我打扫卫生。"

"你一个人就完成了企划书和商业谈判啊(真厉害)。"

工作不是爱好或者游戏,工作会严格要求成果。

也因此,大多数上司只会在员工做出成果的时候才给予认可。但对经验不多的员工来说,持续地做出成果是很困难的。甚至有些员工很少能自己做出工作上的决定,也无法掌控工作的成果。

不过，为了做出工作成果而进行的行动和努力，却是员工能够掌握的"过程"。认可这个过程，就是我们所说的行动认可。

❸ 存在认可

例："谢谢你的陪伴，真是帮大忙了。"

"谢谢你。"

我们经常会漏掉对员工的存在的认可。

忙于工作的上司，常常会忘记去认可员工的存在。这种状态持续下去的话，员工可能会认为"上司并没有感受到我的存在""自己没有被信赖，没有得到评价"。继而慢慢地工作热情也会下降。

存在的认可绝对不是一件难事。

比如早上，带着笑容和员工打招呼；员工帮忙做事的话记得回应"谢谢"；喊出员工的名字；觉得员工没有精气神的话，可以搭话问"怎么了？没事吧？"；邀请员工一起吃午饭等等。做到这些简单的事就可以了。

很多只会等待指示的员工没什么自信。但通过上司的存在认可，员工能感受到"上司注意到我了""我得到了信赖和评价"等，从而能提升工作热情、开始自主思考和自主行动。

❹ 来自第三方的认可

例："小×说过这样的话哦。"

第4种认可，来自第三方的认可是指传达一些事实。比如，"小×夸奖过你的工作方式哦"。

这种来自第三方的认可结合了结果认可和行动认可，能增强上司言语和行动的可靠性，进一步提升员工的工作热情。

区别使用如上4种认可，上司和员工的关系以及员工的工作热情都会大幅发生变化。

你对员工的认可到哪一步了呢？

请自己确认一下吧。

比起行动，更要重视反馈

和员工进行沟通的方法，大致分成两种。

一种是上司积极进行的"行动"。另一种是员工向上司进行报告、联络和讨论等时候，上司的"反馈"。

从领导力和员工培养的层面来说，我们更要将重心放在"反馈"上。

有不少员工会向上司学习。如下达指令的方法、汇报能力、交涉能力、说明能力、传达能力、指导能力等。对培养技能不足的员工来说，这些行动上的技能是奏效的，但对工作热情低下的、只会等待指示的员工来说，却不太有效。

因为不管上司进行多少说明和劝导，工作热情低下的员工的反应都不大。对这些工作热情低下的员工来说，比起"行动",改变上司的"反馈"会更加有效。

当员工汇报工作的时候,上司的应对方式可能会影响和员工之间的信赖关系。

积极的应对方式会让员工觉得"上司确实了解我";也可能会提升员工的工作热情,让员工感到"之前下决心提议,真是太好了"。相反,如果让员工觉得"就算给上司提议他也不听""和上司商量也没用",那上司的应对方式就可能让员工的工作热情下降。

一次反馈带来的影响可能很小。但是一天进行多次反馈的话,影响不断累积就会变大。更严重的是,上司的反馈不仅会影响和员工信赖关系的构建以及员工工作热情的提升,还有可能影响职场氛围和员工离职率。

停止"先否定"的习惯

那么面对员工,上司应该如何正确反馈呢?

对员工的反馈大致上只分为两种。"Yes型"和"No型"。

- Yes型:先进行肯定并接受的类型。
- No型:先进行否定,指出不足的类型。

在管理层的进修班上,我问过一个问题:"你们属于哪种类型呢?"大约八成的领导都是No型。

实际上,他们当中的很多人认为"进行否定是上司的职责"。就算他们觉得好,也会实践No型行动。

因此在进修会上,我让他们实际感受了No型是否真的有效。

这里用小A和小B来举例。

小A正愁每天都没时间运动，找小B商量。小B给了如下建议：

"提前一站下车，然后步行到公司。"
"在公司里走楼梯，不坐电梯。"
"午休的时候去散步。"

如果小A像下面这样回复，单方面地否定了这些建议：

"早上时间太紧，根本没法提前一站下车再步行到公司。"
"我经常腰痛，不想走楼梯。"
"如果午休时间去散步的话，下午就会很困。"

听到这样的回复，小B还会像下面这样积极地帮小A出主意吗？

"之后小A再找我咨询，我还要提出解决方法。"

"我要想出更多能帮到小A的主意。"

"下决心给小A提建议真是太好了。"

"好的,虽然很麻烦,但之后还是要继续积极地告诉小A自己的意见。"

小B显然不会这么想。

设想一下如果小A是你的上司,问了你这些问题——你会怎么想?"我想听一听你的意见和想法。""你的职业规划是怎么样的呢?""你的价值观是什么呢?"

这种情况下,就算被问也不想回答吧!有没有觉得小A对小B的态度实在太糟糕了呢?

如果你面对员工的汇报,首先给予否定的话,那就是把小A对小B的做法用在员工的身上了。

像这样对员工不分青红皂白地给予否定,会造成员工的不满,让上司和员工之间的信赖关系受损,员工的工作热情也会下降。如果在众人面前被否定,员工还会因为羞愧而对上司产生感情上的隔阂。

这样的情况如果每天都发生,员工会公然反驳上司的指示和意见、在背后说上司的坏话、表面上答应却不执行工作指示等。还有可能变得更被动，只会等待指示，完成最低限度的工作。情况继续恶化的话，还有可能停职或辞职。

如果采取Yes型行动，员工会发生什么样的变化呢？

还是举刚才的例子。小A正烦恼于每日运动不足的问题，小B给出了建议。如果对于给出相同建议的小B，小A做出如下回应：

"原来如此。"

"原来有这种方法啊！"

"小B，原来你是这么想的啊！"

像这样先接受对方的意见，小B会怎么想呢？

小B会产生这些想法：

"下决心给小A提建议真是太好了。"

"之后小A再找我咨询，我还要提出解决方法。"

"我要想出更多能帮到小A的主意。"

"好的,虽然很麻烦,但之后还是要继续积极地告诉小A自己的意见。"

小A并没有对小B的提议内容表示同意或赞成。只是接受了对方说的话,就让两人的关系加深了。

中立的Yes，减小面对员工时的压力

读到这里，可能有很多人觉得"无法对员工所有的意见都表示肯定"。

我理解大家的这种心情。上司需要对员工的工作结果负责，所以无法对所有事都表示肯定。

对员工一时兴起的报告和提议，上司是无法赞同的。如果上司肯定一切，也没法推进工作。指正员工的错误，将工作引到合适的方向上，才是上司的职责所在。

有些人认为表示否定、吹毛求疵才是上司的威严。而且对自己不赞成的事表示肯定也会带来压力。也有很多人面对员工的时候变得急躁，厌恶轻易地说"Yes"吧。

但这是一种误解。大多数人可能认为，No型人在面对不赞成的意见和结果的时候，会全部用"No"来否定。实

际上，即使不同意也可以用"Yes"来回应。

你听过"半杯水"的例子吗？

在你面前有一个杯子，杯子里有半杯水。你会怎么去看待呢？

No型人会解释说："杯子里只装了半杯水。"

Yes型人会解释说："杯子里已经装了半杯水。"

大家都能想到吧，在这两个看法之外还有一种看法。那就是直接接受事实，解释为"杯子里装了半杯水"。

我把这种看待事物的方式叫作"中立的Yes"。中立的Yes是指，对员工所说的内容不加评价地、客观地接受。正因为直接接受了员工的意见和发言，就算上司不赞成说话的内容也能够说出"Yes"。

例如，可以像下面这样回应。

"这样啊。这么想也是理所当然的。"

"原来有这种看法啊。"

"是非常尖锐的意见呢。"

"谢谢你向我汇报。"

"谢谢你向我讲了这些难说出口的话。"

用中立的Yes去回应员工的询问时，需要注意一点。那就是在对话的最后要去提一些建设性的问题，或者传达信息，表示自己会支持员工。比如，"你是怎么想的呢""我很期待你的意见"等。

如果能掌握这种中立的Yes进行反馈，那上司面对员工时候的急躁情绪和易怒的情况就会变少。正因为面对员工时候的感情要素减少，也会更加冷静地处理工作，减少工作失误。还能在不打击员工热情的情况下，顺利地传达自己的想法。

当然，对出于好心去否定员工的上司来说，很难一下子改变和员工的沟通方式吧。

因此，我们要做的不是一下子进行改变，而是建议大家改变日常交流的听话和说话方式。这也是之前提到过的，微小的改变也更符合大脑的可塑性。最开始可能会感到不适应，但只要坚持，和员工之间的沟通就能自然地朝着好的方向转变。

目的导向法，让会议上的"等待指示"消失

有不少上司烦恼于员工的不积极。员工在销售会议、计划会议等场合不积极发言、不贡献想法、没有主人翁意识。

在这里我要介绍一个沟通的诀窍，来消除在会议上员工不主动发言的情况。

让员工不在会议上贡献想法，这是非常简单的。

只要在员工发言后的瞬间马上给予否定就行了。

这样做会让员工的热情下降，慢慢地变得不愿发言、不愿贡献想法。

如果想让员工在会议上有主人翁意识，积极贡献想法的话，只需采取相反的行为。也就是说，不管员工给出什么样的想法，都不要评价。要重视员工能够自由发言、随

意提出想法的状态。

具体来说，要模式化一些行为。比如，不管员工提出多么荒唐的想法，上司首先说"真不错"。尊重一般的想法，和员工一起讨论怎样能让这个想法变得更好，在这个过程中可能会意外地产生新的想法。

"目的导向法"对拓展思维、活跃发言最有效。

一般来说，在员工发言较少的会议上，上司对于已经提出的想法一般会采用"原因导向法"。比如，问员工"为什么不能提出更多好的想法呢？""你提出的想法是不是哪里存在问题呢？"等。

这种方法会导致员工感到失落。发言的人吃了亏、出了丑，在这种被否定的气氛里会抑制自己发言，也就更难产生好的想法了。

与此相对，参会者如果能意识到采用"目的导向法"推进讨论的话，就能创造出自由的发言氛围，活跃会议气氛，增加员工的发言次数，也就能产生更多的好想法。而"目的导向法"要解决的问题是，"工作能达到的最好的成果是什么？""能出现令人惊讶的结果吗？""能产生史上最好的想法吗？"

此外，虽然我们以目的为导向进行会议，不对参会者的想法进行评价，但在会议最后还是要判断，能否采用会上提出的想法。

这个时候，请大家要意识到，必须明确判断的标准。

制定明确的判断标准，并共享给参会者，在这基础之上再去筛选想法。这样一来，就算员工的提议暂时没被选上，工作热情也不会受到打击。

小G曾经参加过我的进修会。在参加进修会之前，他一直强制员工在会议上发言。

进修后，小G采用了目的导向法展开会议，不评价员工的想法，会议的氛围突然发生了改变。

小G给我发来了这样的感想。

> 现在会议的氛围非常热烈，就算我不点名，员工也会主动发言。这样的会议氛围我还是第一次见到。
>
> 我都没有必要去推进，会议就顺利地开展下去了。说实话，我真的很震惊。

甚至在计划会议结束后，员工都生气勃勃的，明显地看到工作热情提升。要是能更早地使用这个方法就好了。

如果在会议上员工的发言不多，感到会议的形式化严重的话，请一定要尝试目的导向法。

目的导向法，在不降低员工热情的情况下进行指正

读到这里，大家都能理解对员工的发言要表示肯定，不去评价员工的想法。但是也有不少人会有疑惑，面对做不出成果的员工，需要指明他们的不足吗？

当然有必要指出他们做不出成果。但这不意味着要在销售会议之类的场合，去指责员工没有达成量化的目标。因为不管再怎么指责，没完成目标是既定的事实。被上司指责后，员工的工作热情和工作技能也都得不到提升。

那应该怎么做呢？

对没有做出成果的员工来说，召开策略会议最有效。上司和员工一起去思考，怎么做才能够达成指标。

同样地，在这个会议上也是"目的导向法"比"原因导向法"更为有效。

如果采用原因导向法，去追究"为什么不能完成数值

目标""到底哪里出了问题"等,非但不会提升员工的工作热情,还有可能培养出善于找借口的员工:

- 经济情况不好。
- 其他公司的产品价格优惠,更具吸引力。
- 顾客对产品的认知度太低。
- 产品的评价不好。
- 我本来就不擅长销售。

如果去追究为什么达不成数值目标,那能找出来无数个原因。而且一半以上的原因都不是员工自己能够解决的。

硬要追究原因就没法实现具有建设性意义的策略会议,只会得到"其他公司的产品更有魅力、更加优惠,这是没办法的事""我本来就不擅长销售,实在完不成"等借口。

与此相对,目的导向的策略会议不去关注过去失败的原因,而是把视点面向未来。

- 怎么做才能达成目标呢？
- 为什么要完成这个目标呢？
- 要想呈现出最好的结果，怎么做才好呢？
- 在目标达成上，自己能贡献什么呢？
- 对目标达成来说必备的技能是什么？

上司和员工一起去考虑这些问题的答案，就能提升员工的工作热情。

接下来上司要关注的就是，需要提升员工的工作技能。

我会在下一章详细地说明提升员工技能的诀窍。

总　结

提升员工热情的沟通方法

• 有效利用开放型问题

在和员工的日常对话中多使用不限定答案的开放型问题，而不是限定二选一答案的封闭型问题。

• 共情员工的意见

即使不赞成员工的见解，也要通过4种手段先接下员工的话，让员工感到轻松。4种手段指：随声附和、点头；表示理解；重复对方的话；用语言去回应对方的情绪。

● 区别使用4种认可

区别使用"结果认可""行动认可""存在认可""来自第三方的认可"4种认可,能让自己和员工之间的关系发生巨大改变。

● 重视员工的反馈

比起自己的积极行动,上司要更加重视员工行动时自己给予的反馈。不能做No型人,马上否定员工;要做Yes型人,接受员工的话语,并给予肯定的反馈。如果想要否定员工的想法,记得有效运用"中立的Yes",即不加评价地、客观地接受员工的意见。

● 使用"目的导向法"能促进员工的自主性

开会时多使用面向未来的"目的导向法",而不是追究过去原因的"原因导向法"。这能促进员工的成长,促进员工的自主发展。

第4章
成长5阶段——加速提升员工技能

和管理员工的一般性常识说再见

目前为止，我们都在解决员工"工作热情不足"的问题，这是导致员工只会等待指示的原因之一。在第4章，我将介绍解决员工工作技能不足的方法。

你曾经因为焦躁对员工说过这种话吗？"你怎么连这么简单的工作都完成不了？"批评员工工作完成得太迟、工作失误太多、没有前瞻性、不会逆向思考、不手把手指导的话什么都完成不了、不遵守时间安排、掌握不了最优的工作顺序、无法进行多任务工作……

实际上，是上司导致了员工工作技能的不足，是因为上司没有认识到"操作"和"技能"之间的差异。

所有的工作都可以分成"操作"和"技能"两大模块。操作指的是，只要向员工发出工作指示，教给员工工作方法，就能迅速完成的工作。技能指的是，只靠口头的指示无法完成的工作。要想完成工作，还需要一定的经验和训练。比如，开自行车锁。只要告诉别人钥匙的保管位置、锁孔的位置还有开锁的方式，那谁都能打开车锁。与此相对的是骑自行车，就算告诉别人骑自行车的方法，但不经过反复的练习去掌握诀窍和骑自行车的感觉的话，是不可能学会骑自行车的。

虽然这听起来很理所当然，但到了工作上，还是有很多上司没有意识到"操作"和"技能"的区别。对不会骑自行车的员工发出"骑自行车"的指示，员工是不可能完成的。这不是工作热情和能力的问题，更不是你作为上司领导能力的问题。

员工之所以工作技能不足，无法按照上司给出的指示完成工作，是因为上司的理解不充分。上司需要把所有的工作划分为操作和技能，继续分为能够完成的工作和不能完成的工作，然后进行针对性的知识传授和指导。

听到这些，大部分的上司都会觉得厌烦吧。

大多数上司是员工兼职管理者，对他们来说，工作不是仅仅完成员工的培养就行了，还要同时完成自己的本职工作。在这种情况下，不管给上司多少时间都不够吧。

另外，还有很多上司有这样的想法："员工可以看着前辈的工作方式进行学习""可以向上司学习""年轻的时候就是要修行的，要自己多尝试几次、失败几次，然后自己去掌握工作诀窍""自己是新人的时候也没有人来指导，新人们多吃点苦是应该的"……

而大部分员工的想法却是这样的："进行教学指导是上司和前辈的职责""上司就是为了指导员工而存在的""自己没法好好地完成工作，都是因为上司的教导方式不行""不进行指导的上司是糟糕的"等。甚至还有员工会想"继续待在这个公司也无法好好地完成工作，要不要跳槽去其他公司"……

不过，请你放心。

接下来，我会介绍"成长5阶段"的方法。这个方法把指导员工的一系列流程定型化，只要按照顺序落实每一个阶段，就能解决员工技能不足的问题。

对不擅长员工培养的人来说，解决员工工作技能不足的问题就像是一堵高墙。但实际上，你的面前并没有这堵高墙。高墙不在身外，而在于你的内心，是因为内心感到不擅长员工培养。

只要从现在开始实践我所介绍的方法，你就能感受到员工培养不再是难事了。

培养员工要有一定的顺序

"成长5阶段"指的是一种培养方法。上司要将工作分为操作和技能,再分别分类成能够完成的工作和不能完成的工作。之后去针对性地对每项工作内容进行训练,直到员工熟练到能够进行教学的水平。

但这也不是随便就能进行的。培养员工有一定的顺序。如果顺序出错的话,员工的发展就会停滞不前。打个比方,如果我们让不认识平假名和片假名的孩子自己去阅读绘本,他们肯定是做不到的。

在工作上,提升工作技能的训练也是有一定顺序的。如果有多名员工需要培养,上司一个个进行细心的指导非常重要。只进行统一的指示,员工不会有大进步。先去深入了解员工的现状,比如员工每个人的工作熟练度、个人实力、有怎样的职业规划等。在这基础之上实践接下来的5个阶段会更加有效。

现在让我们看一下是哪5个阶段吧。

成长阶段1　把做得到的事做到最好

认可员工能完成的工作，并让其尽可能完美地完成现有工作。

成长阶段2　努力做到完成不了的"基础操作"

制订行动计划，把未知的工作变成已知。

成长阶段3　把不会的技能训练到会

让员工对工作内容有了具体的印象后，反复训练并教学输出。

成长阶段4　让员工能够进行"操作教学"

把阶段1和阶段2教授给新员工。

成长阶段5　让员工能够进行"技能教学"

把阶段3教授给新员工。

在进修会上我介绍"成长5阶段"的时候，大部分的人都会感到吃惊。

"我至今为止都没有意识到操作和技能的区别。"

"我可能只教给了员工'操作'时必需的最低限度的知识。"

"'把做得到的事做到最好'，我连最开始的这个阶段都没做到过。"

从这些反应中可以看出，有很多上司没有时间去认真地思考日常的员工培养。

但只要意识到可以通过这5个阶段来和员工接触，在员工培养上的烦恼就会骤减。而且通过阶段4和阶段5，还能够培养出能带新人的员工。这样上司的工作也会变得更轻松。

实际上，参加过我的员工培养进修会的人和我反馈过，自己从员工培养的烦恼中解放出来了，工作也变得轻松了：

"之前，我一个人包揽了从指导到员工培养的所有工作，真的非常辛苦。参加了员工培养的进修会之后，我进行了实践，老员工终于也能开始培养新人了。现在我用来处理工作的时间增加了，所有的业务也都能顺利地推进。

"老员工能够培养新的员工。这形成了一个良性循环。

"对老员工来说，在工作中也会持有适度的紧张感。他们会意识到'这个规定要教给新员工，自己也得好好遵守''既然要给新员工进行教学，自己也得好好学习才行'。

"对新员工来说，他们自然会认识到'老员工教给自己的内容，自己在不久的将来也要教给新员工'。在这个立场上，他们会比以前更加麻利地行动起来。"

如果现在你面对员工的时候有以下烦恼：员工不能很好地完成工作，员工在工作上记性不好，员工反复地问同一个问题，想让员工尽快地发挥作用。那请你一定要尝试"成长5阶段"。

成长阶段1　把做得到的事做到最好

对于技能不足的员工，上司首先要给予自信

在面对工作技能不足的员工时，你认为上司最先要做的事是什么呢？是指导员工完成原本完成不了的工作吗？

这个想法就大错特错了。

在面对工作技能不足的员工时，上司最先要做的事是，认可员工目前能够完成的工作内容，并且支持他尽可能完美地完成这部分工作。

其实很多上司都有误解。

大部分工作技能不足的员工会有不安的情绪，他们会想"自己能做好这份工作吗？""自己能跟上大家的步伐吗？"等。简单来说就是他们没有自信。

让处于这种状态的员工去完成原本就完不成的工作，

不仅无法消除不安，反而会加重不安的情绪，让员工更加不自信。

如果员工怀有不安、孤独、焦虑、沮丧等消极的情绪，就不能发挥原本的实力。

因此，"成长5阶段"的阶段1就是要指导员工去尽可能完美地完成目前能够完成的工作，并且给予认可。

上司和员工之间存在沟通隔阂的最大原因在于，上司以"all or nothing"（极力称赞和极力否定）对员工能够完成和不能完成的工作进行极端的评价。

我们不能只用100分或者0分去评价工作成果。实际上，还有35分、60分、70分等"能够完成的部分工作"和"不能完成的部分工作"共存的情况。

如果上司忽视了员工能够完成的部分工作，只用"能"或者"不能"完成工作来评价员工，会让处于成长过程中的员工感到失落和沮丧。

实践阶段1能够让员工认识到自己有能够完成的工作内容，从而变得自信。进一步来说，上司认可了员工能够完成的工作内容，还会加深上司和员工之间的信赖关系。

在这基础之上再去挑战新的工作内容，就会比较容易了。

回归能做到的部分

那在实际工作中怎么做才好呢？

你知道教不擅长学习的小孩子学习的时候，什么方法最有效吗？

那就是"回归能做到的部分"。

孩子在学校里有没学明白的内容，如果就这么放置不管的话，会一直搞不明白。在没打好基础的情况下就无法理解新的学习内容，随着年级的升高，孩子会越来越觉得学习无趣。最后，孩子会变得不愿意学习。

如果小孩子在读五年级的时候被乘法难住，那我们就要回到乘法之前一步的加法和减法。

要点在于，不要从失败过的乘法开始。

这是因为有必要通过重复进行简单的学习，来打好基础。哪怕是加法运算能力一般的小孩，也能在重复中慢慢地顺利地计算，从而变得自信。这时候，家长和老师要马上给予认可，"能非常轻松地进行加法运算呢""算得真快""全部都做对了"等。这样反复认可后，小孩会变得自信，这时候再开始去学习乘法就会比较顺利。

工作也是一样的。

只要是员工独自完成的工作，不管这个工作多么简单，上司都要予以认可，帮助其建立自信。认可的时候可以采用这样的表达："这样做就能完成了呢""真简单""保持这个节奏做下去，就能完成工作了""看到进步了"等。

总之，要让完不成工作的员工得到成功体验。

尽可能完美地完成基础操作级别的工作

对于技能不足的员工，我们具体要怎么做让他们工作起来呢？

我们刚刚提到过，要"回归能做到的部分"。但是面对多个员工的时候，一个个精准指导是不现实的。因为我们首先要把目标放在大家都能够完成的基础操作级别的工作上，要让员工尽可能完美地完成这部分内容。而且在实际工作当中，在员工完美地完成了工作后，上司一定要给予认可，"真是帮了大忙了，谢谢你""辛苦了"。

即使是取复印件、准备会议资料、回电话、回邮件等小事、杂事也无妨。如果员工帮忙拿了复印件，上司能够指导的内容却不只限于取复印件。

- 把握会议上需要准备的复印件份数。
- 根据不同的场合区别使用彩色打印、黑白打印、单面打印、双面打印。
- 记住有多份资料时的装订方式。
- 更换墨粉盒和补充打印纸。
- 联系维修公司，处理机器问题。
- 记住储备物的订货方式。

有些工作在上司看来只是小事，但对技能不足的员工来说，完成这部分工作足以建立自信。

认可一些小事，就能让员工发生巨大的改变

小T参加过我的进修课程。他曾经烦恼于员工培养，他再怎么指导，员工都无法完成工作。不过尝试了"成长5阶段"的阶段1之后，他的烦恼减轻了。

在进修会上，小T听到了"把做得到的事做到最好"的方法，他非常吃惊。小T想，他之前可能太急于求成，把员工催得太紧了，所以让员工赶快投身到工作上的期待才会落空。

之后他思考了员工能够完成的工作内容，小T意识到员工顺利地在会议期间订了盒饭。这件事实在太小了，不重新去思考的话根本发现不了。

进修之后，小T抱着"是不是真的有效果"的疑问，认可了员工的工作，"谢谢你一直以来帮忙在会议上订盒饭，真是帮了我大忙了"。

这之后，员工慢慢地发生了改变。

这名员工是社招录用的，对周围的同事一直很客气，遇到不懂的地方也不会问，因此工作也停滞不前。他之前一直紧皱眉头，长时间自言自语地嘟囔，而现在已经开始向同事们提问题了。

认可员工目前能够完成的工作内容，也能让员工找到属于自己的位置。

由于小T的认可，员工开始慢慢找回自信，"在现在的公司找到了自己的位置"，也能变得自主行动了。

听说这名员工成长了很多，现在已经被委任为团队领导了。

像这样从一些小事出发来认可员工的工作，就能大大地改善员工的工作表现。阶段1对上司来说是小小的一步，很容易会被忽视掉。但这对员工的成长来说却是一大步。

千万不要认为这一步很愚蠢，请一定要认真完成。希望至今为止没有实践过的上司，能去理解并关注这些微小的工作内容。

成长阶段2　努力做到完成不了的"基础操作"

遇到未知的工作时，先从"基础操作"开始

我在阶段1提到了，上司要认可员工目前为止能够完成的工作，并帮助他将工作做得完美。从阶段2开始，我们要关注怎么努力做到原本完成不了的工作。

在指导员工去完成原本做不到的工作时，要优先从"基础操作"开始，而不是从需要训练和经验的"技能"开始。

和前面说的一样，这是因为只要教授方法，就能迅速掌握"基础操作"，从而快速地获得成果。这个阶段的要点也是如何让员工积累成功体验，即做到原本完成不了的工作。

而且，员工必须掌握了基础的操作，才能掌握运用

"操作"来实现的"技能"。

如果我们为了让员工尽快地成长，而派给他们需要技能的工作，这反而有可能打击员工的自信。打个比方，我们对还不会游泳的孩子说，"到水里就能浮起来，跳水里试试吧"，然后强迫孩子下水的话，大部分的孩子会因为恐惧再也不靠近水。

想让孩子学会游泳，需要教他们一学就会的内容，他们一个接一个地掌握了这些内容，才能快速地学会游泳。像是穿泳衣、进游泳池、用水把脸打湿、在水中漂浮、潜水，我们要让孩子一个个地积累这些成功体验。工作也是和游泳一样的。

通过行动列表把未知工作变成已知工作

挑战完成不了的操作时，有效的做法是将操作的一系列流程细分并可视化。

具体来说就是制作行动列表来整理顺序。

听到要制作行动列表，大多数人会感觉麻烦吧。有些工作对作为上司的你来说，是简单的、理所当然的，但对员工来说，很多是第一次接触到的工作。如果没有行动列表，再简单的工作也很困难。

人在心理上会对未知产生恐惧。和前文提到的一样，比起挑战新事物，执行还没习惯的业务，人的大脑更乐于维持现状。在我们迷茫于做不做新业务的时候，我们的大脑已经本能地做出了判断，即不行动更为安全。

因此，如果不详细地告知员工未知工作的做法，只是下达指令的话，员工会回避工作。

反之，如果制作了行动列表，就能把未知的工作变成已知的工作。

只要有行动列表，不用一一询问上司，员工也可以按照自己的节奏，随时边进行工作确认边操作。这样一来，上司的工作也轻松了。这一点非常重要。

行动列表的制作方法

行动列表的制作方法非常简单。

首先，把列表化的操作进行细分，再一条条地写在便签上。

其次，把写好的便签按照时间顺序排列。

最后，用Excel等工具把要做的工作制成表格。

这样行动列表就完成了。

举个例子，圆珠笔的库存管理的工作。按照下面这样制作行动计划表的话，谁都能完成这个工作。

1. 圆珠笔的储物地（架子的右上方）

2. 圆珠笔的名称（××笔）

3. 确认库存数量（确认笔的数量）

4. 检查库存的时间（每周二和周四）

5. 最低库存（库存只有10支笔的时候要订货）

6. 每回订货的数量（以50支为单位订货）

7. 订货的时间（每周二和周日下午4点前）

8. 供应商（供应商的公司主页网址）

9. 商品编号（该圆珠笔的商品编号）

10. 交货时间（订货第二天收货）

11. 交货时确认的内容（商品名称和交货数量）

制作行动计划表是上司的工作。刚开始可能比较累，但做出一份之后就能当作样本移用到其他表上。还可以让经验丰富的员工，以这个表为样本制作其他操作的行动计划表。

行动计划表能培养员工的自信

小A参加过我的进修班。她从员工培养的烦恼中解脱出来的契机是，制作了发送传真的行动计划表。

我在进修班里提了制作行动列表的重要性，那时的小A还很失落，表示疑问，"真的必须做到这种地步吗？"

进修的第二天，小A的员工误传了传真造成了麻烦。小A本来要和平时一样斥责员工："为什么连这么理所应当的事情都没确认好！"

但这次，小A忍住了愤怒，她和员工说："如果有发传真的行动计划表，就可以防止错误发生了吧。我们试着一起制作吧"。实际操作起来，他们不到30分钟就完成了行动计划表的制作。小A把列表分发给了部门里的所有人。

以此为契机，员工开始发生改变了。

这之后，发错传真的员工主动提出："我想制作出回邮件和回电话的行动计划表"。实际上，这位员工擅长将操作指南化。

整个部门都知道了这个员工的变化，部门的氛围也开始一点点改变。各个员工都主动提出，要用自己擅长的工作来帮助部门成员，并且实行了。

无论是多么简单的工作，只要是从不能完成到能完成，就能带来自信。这样在不知不觉中，工作会变得快乐，员工也会变得能够自主思考、自主行动。

到了这个阶段，我们可以说是已经为挑战更难的工作准备好了基础。

成长阶段3　把不会的技能训练到会

阶段3-1　让员工对工作有具体的印象

员工在一定程度上习惯了工作后建立了自信，就能掌握"技能"。这是"成长5阶段"的第3阶段。

在这个阶段，我们要认识到训练是很有必要的。

训练也分为两个阶段，下面让我来一个个进行介绍。

教授技能的时候，首先要让员工对自己一个人完成这项业务有个具体的印象。

比如在窗口接待顾客的时候，要有一个大概的目标印象，"满足顾客的要求，让顾客满意地离开"。还要有对完成这个目标及自己所要做的工作的一系列流程的印象。

有了这些印象，员工自己行动起来就容易了。

我还曾为将要出征奥林匹克运动会的运动员们提供咨询服务。那个时候我们必须做的就是**印象训练**。

大多数的运动员在比赛之前会进行印象训练。

在脑子里形成具体的印象后，把理想的表现呈现出来的可能性会更高。

我们的大脑不擅长区分"实际上体验过的事情"和"脑海中存在过的鲜明的印象"。即使一件事情我们没有做过，但在脑海中确实形成了印象，大脑就能够和发生过这件事一样运转，进行相关的信息处理。因此，我们可以说，通过印象训练能够改善人们的表现。

这不仅局限于运动项目中，工作也是一样的。

我们把工作的目标和一系列的流程具体地印象化，就能够更快地达成成果。

固定工作的印象

那怎么做才能让员工对工作持有印象呢？

那就是通过"讲解"→"示范"→"工作"的顺序进行教学。

"讲解"就是指说明。上司来说明想让员工掌握的工作技能。不能漏掉"理由""根据""做法""10秒行动"这四点，这样才能准确地传达出一系列的工作流程和工作要点。

理由： 做这个工作的目的和必要性。
根据： 证明理由的数据等。
做法： 顺序。
10秒行动： 最开始着手落实的事情。

举个例子，如果要说明在窗口接待顾客这个工作，就要像以下这样讲解。

理由： 窗口接待是公司的门面，是能够和顾客发生接触的地方。

根据： 展示数据，说明窗口接待方式的不同，能够影响顾客满意度。

做法： 教学窗口接待的顺序。

10秒行动： 微笑着打招呼，对客人说"请您入座"。

不论什么种类的工作都是一样的，不能漏掉这四点。这样员工的理解力才能够阶段性提升。讲解之后，上司要实际做一遍示范。

比如，要教学窗口业务的话，需要上司按顺序实际操作一遍给员工看。这样，员工很容易能在大脑中形成工作印象。

讲解和示范之后，就是工作了。在这一步要让员工自己行动。让其他的员工扮演顾客，进行角色扮演。

这之后上司对员工的表现进行反馈：没有做到的地方、还需要改进的地方、建议等。

"讲解"→"示范"→"工作"。按照这个顺序进行教学，员工就能对工作的目标和一系列流程产生鲜明的印象。通过这个印象，员工能够更高效地习得工作技能。

阶段3-2　重复教学内容，促使员工输出

按照"讲解"→"示范"→"工作"的顺序教学工作，让员工持有对工作的具体印象，下一步就是让员工反

复操作工作内容直至能够自己输出教学。

学东西的时候大家可能都有这样的经验：虽然能记得以前学过一些内容，但忘记了最关键的做法。可责备自己"为什么连几天前学的东西都记不住"也无济于事。因为人的大脑就是这样的。

比起记忆，人本来就更擅长遗忘。大脑不断地从外部接收信息。如果人能记住一切所见所闻，大脑的容量会超出极限，我们也会陷入混乱，压力陡增。

所以大脑有一个属性，就是会对信息进行判断，只记忆有必要的信息。

进行这种判断的是海马体。它的工作就是进行信息的取舍，将必要的信息传递给大脑皮质层，让必要的信息作为长期记忆留在大脑中。

海马体是根据什么标准判断信息是否必要的呢？

那就是对人的生存来说，这个信息是否有必要。也就是说，如果这个信息和生命相关，那海马体会将其判断为必要的信息，并作为长期记忆保存在大脑里。

可惜工作相关的知识不是和人的生死相关的信息。

海马体认为，就算不记住工作相关的知识人也不会死，放任其被认作短期记忆。因此，有必要让海马体认为，工作所需知识是重要的，需要作为长期记忆被保存下来。

当然，也确实存在这种方法。那就是复习。

反复将同样的信息输送给大脑，海马体会误认为这个信息和生死相关，从而进行记忆。

要点在于，在信息输入之后的30天之内持续复习。在海马体内，作为短期记忆的信息能被保存30天左右。在30天内多次反复复习的话，海马体就会将这个信息视为必要信息传输给大脑皮质层，以作为长期记忆保存。

这也就是说，输出和输入是相关联的。

教学输出的方法

把学到的知识传授给员工的方法，有以下4种。

- 让员工说（复述、朗读）。
- 让员工写。

- 让员工实践。
- 让员工思考。

"让员工说",指的是让员工复述所学内容,把知识写在纸上并朗读,如果有不懂的地方就让员工提出疑问。

"让员工写",指的是让员工把所学内容写下来。也可以出一些填空题让员工作答。

"让员工实践",指的是让员工重复角色扮演,实操工作。

"让员工思考",指的是让员工模拟成功和失败的各种情况、制作检查单、让员工自己确认能够完成的和不能完成的工作内容。

像上面这样让员工实际输出自己所学到的知识,也能让员工习得工作技能。

成长阶段4　让员工能够进行"操作教学"

阶段1到阶段3，我们在解决员工工作技能不足的问题，让员工变得能够自主思考和行动。但员工培养不是到这里就能结束的。

接下来，我们有必要继续培养老员工，让他们能够自己培养新员工，这样，上司的工作也能变轻松。

对上司和组织来说，培养不出人才是很糟糕的事。

有的上司认为，"与其教给老员工培养新员工的方法，还不如自己亲自来教，这样又快又能出成果"。于是把所有工作都包揽了。短期来看，这样可以快速产出成果。但长期来看，因为工作量大，上司自己的工作表现都可能变差。

正是因为没有培养出能带新人的老员工，所以随着新员工的增加，上司的工作量也会增加，很难保证持续做出工作成果。

读到这儿可能不少人疑惑了："进行了阶段1到阶段3的教学，员工已经能够很好地完成工作了，不教他们培养新人的方法也没关系吧？"

这里需要大家明白的一点是，工作做得好的人，不一定教得好。

正因为工作做得好，他们不理解那些做不好的人为什么会停滞不前，也理解不了完不成工作的人的心情。

自己干得好和教得好，是两个完全不同的技能。

所以，即使是工作完成得很好的员工，在对教别人这事上，有时还需要不断练习。

那怎么做才能从单纯"做得好"变成"教得好"呢？

其实这个顺序，大家早就学习过了。那就是把"成长5阶段"的阶段1到阶段3教给员工，并且让其实践。

你可以推荐员工也读这本书，或者直接总结目前为止的流程，和员工一个个进行确认。

最重要的是，要把握教学对象的现状，回归能做到的工作部分。

首先要让员工学习前两个阶段的"基础操作"教学法。

只要按照"成长5阶段"进行训练，大家都能学会怎么带人。

对上司来说，员工成为重要的工作力量；对员工来说，也能通过教学进一步提升自己的工作技能。

成长阶段5　让员工能够进行"技能教学"

如果老员工能对新员工进行"操作教学",下一步就是训练"技能教学"。

不过学会"技能教学"需要花费一些时间。教学操作的时候,只需要明确操作顺序,按照顺序进行说明就行。但是教授技能时,需要新员工反复输出来积累经验。

还要注意,习得技能的速度也是因人而异的。新员工的个人特性不同,做出成果所需的时间也不一样。如果新员工能举一反三地进行学习,那他很快就能做出成果。但不是所有人都这样的。

要想完成技能的教学,需要解决各种各样的问题,肯定会耗费时间。这时候就需要忍耐了。

之前在我教授"教学方法"的时候,有这样一名学员,他的员工实现了快速成长。

这名员工叫小K，是一名能够很好地完成工作任务的优秀员工。但小K只满足于完成工作，这无法让上司的工作变轻松。因此他问小K："你有能力把自己的工作技能教给新员工吗？"小K回答不上来了。

在这之前，小K完全没有意识到要去"教别人"。

之后小K对工作的态度发生了大转变，开始了一些思考。"怎样才能让自己以外的人，也能很好地完成工作呢？""怎么教新人，才能通俗易懂呢？"

小K开始和上司一起讨论新员工的事，最终自己提出担任新员工的教学工作。通过对新员工的积极教学，小K也加深了自己对工作的理解。最后，作为员工的小K和上司都得到了成长。

像这样员工习得"教学"技能的同时，也获得了自身的成长。请你也按照"成长5阶段"试着去指导老员工，让他们也能培养新员工吧。通过这种方式，你能获得更多的工作成果，也能拥有更多自己的时间。

不要心急，员工将在某一刻飞速成长

我曾把这本书里介绍过的内容，教授给了1万多名领导。这个过程中大家经常会问一个问题。

"如果已经很努力地培养员工了，但是仍没发生改变怎么办？"

这实际上是有原因的。因为人的成长是加速进行的。

有一位我很尊敬的销售人员曾经和我说过，可以把行动和成长、成果的关联性比作眼虫的分裂生殖。他问了我一个问题。

眼虫是一种极其微小的生物，每30分钟分裂一次。这种眼虫不断分裂生殖的话，能在30天内覆盖住一个大池塘。

他问我，是否知道眼虫实际上是如何覆盖住池塘的。

我很诚实地回答道："我不知道……"

他给出了以下回答。

实际上，在第27天的时候，眼虫只覆盖了1/8的池塘。在第28天，覆盖池塘的1/4。然后在第29天，覆盖住池塘的一半。最后在第30天，一口气把池塘剩下的部分全部覆盖住。

听了这个回答,我感受到了深深的震撼。眼虫按照一定的速度反复分裂生殖,扎实地增长着。

然而,从池塘外部来看,就算到了第20天,也不会有人发现池塘里有眼虫。直到最后,眼虫以惊人的速度覆盖了池塘。让人看到它分裂生殖的威力。

不管我们多么努力地指导员工,也很少能快速地看到成果。但只要我们不放弃、相信他们、守护他们的成长,员工就会以惊人的速度成长,成为下一个领导者。

我一直相信,信赖员工、能够培养出下一代领导的上司,才是真正的领导者。

总 结

帮助提升员工技能的"成长5阶段"是什么?

- "成长5阶段"是一种方法,具体来说,把工作分为"基础操作"和"技能",分别进行训练,直至员工达到能够教学他人的程度。
- "基础操作"指的是进行教学后就能迅速掌握的工作。"技能"指的是需要进行训练才能习得的工作。

"成长5阶段"

成长阶段1　把做得到的事做到最好

认可员工能完成的工作,并让其尽可能完美地完成现有工作。

成长阶段2　努力做到完成不了的"基础操作"

制订行动计划表,把未知的操作变成已知的操作。

成长阶段3　把不会的技能训练到会

让员工对工作有印象,反复训练并教学输出。

成长阶段4　让员工能够进行"操作教学"

把"成长5阶段"的阶段1和阶段2教给新员工。

成长阶段5　让员工能够进行"技能教学"

把"成长5阶段"的阶段3教给新员工。

结束语

谢谢大家读到最后。

至今为止,我听了很多次上司说过"实在太辛苦了"之类的话。

作为上司的你们想让员工得到成长,想把员工培养成为能担当重要工作的人,想让员工积累一些成功体验。

你们这样认真地思考、读书、参加进修、在工作时间之外也想着员工和团队的事……一直以来不断摸索,做了不少尝试。

而在你们这些领导的肩膀上,除了领导的角色,还承担着各种各样的责任,要决定自己作为社会人士在职场上的方向，对自己负责。还有很多人要背负更大的责任，比如结婚、生子、照顾老人、地方活动、志愿活动等私事。

上司们烦恼于自身的工作、员工的培养还有自己的私事等，非常辛苦。我想让这些上司能够轻松一点。于是怀着这样的想法，我写了这本书。

最后，我想告诉大家一件事。

培养能够自主思考、自主行动的员工的方法，其实是很简单的。上司没必要变成超人，也没必要掌握那些在商业学校学到的深奥的理论。

这本书介绍了"行为改革面谈"和"成长5阶段"。这两个方法致力于结果，能用最小的力量发挥出最大的效果。在实践这两个方法之后，肯定有员工和团队成员能自主思考、自主行动，轻松愉快地进行工作。上司自己也能有空闲去构思未来，能为了实现这个蓝图而充满热情地工作。

我想我的任务是，为作为领导的大家提供简单的实践方法，以减少上司的负担。让上司变得轻松些，然后更加有活力地活跃在公司和家庭中。

请大家一定要实践我在这本书中介绍的两种简单方法。

着眼于员工和团队成员能够完成的工作内容，增加自己能够思考理想未来的时间，工作氛围也能一点点发生变化。

上司如果能不加保留、充满热情地指明方向，打造充满魅力的未来蓝图，就能形成具有凝聚力的最强的团队。

充满热情的对话，以及在对话中产生的真正的热情，能为组织和团队打开新的一扇门。

这本书的写作，得到了很多人的支持。

感谢Kanki出版社的各位，尤其是担任本书编辑的重村启太先生。

还有各位委托人、行动革新研究学院的各位、朋友以及家人们，谢谢你们一直支持我做这样有价值的工作。

再次表示真挚的谢意！

以及在我的人生中、我的工作中最信任的伙伴，也是一直给予我切实支持的我的妻子，朝子。还有让我知道人生最重要的事是什么的，我的两个儿子，晃弘和达也。

向我深爱的三位家人，献上这本书。

2030年，那时候我的儿子们也将成为社会人士。希望我所做的，能让那时候的社会充满有魅力的领导，能让员工安心地工作，充分发挥自我价值。

我所希望的社会，是能让大人和小孩都不用走弯路，能笔直地朝自己的梦想和目标前进。

希望能为这样的社会出一份力，我怀着这样的心情写下了这本书。

最后，我要向读完这本书的你献上最诚挚的谢意！

非常感谢！

另外，我希望能听到你直率的感想。我会认真地、努力地读完收到的感想。请将你的感想发送到下面的电子邮箱。

info@a-i.asia（邮件主题"行为改革面谈感想"）

希望通过"行为改革面谈"和"成长5阶段"，能让上司最大限度挖掘自己的可能性，感受到工作的价值，每天都能充满笑意地成长着度过！

我很期待在不久的将来，能和你们见面。

大平信孝